I0766018

Hello !
let's start learning
how to write letters.

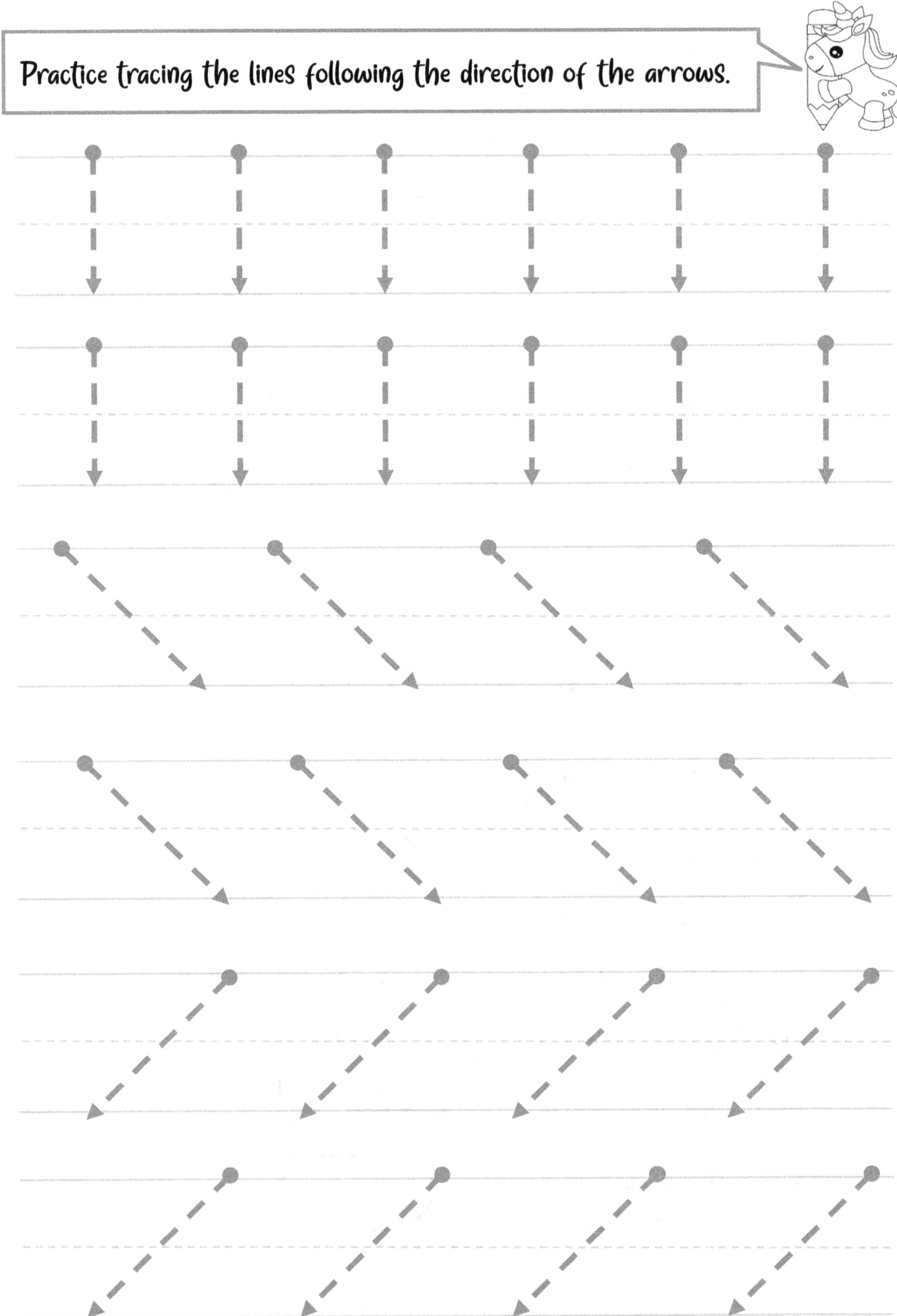
Practice tracing the lines following the direction of the arrows.

Practice tracing the lines following the direction of the arrows.

A A A A

a a a a

Secret Letter

Color the tiles with the letter Aa to reveal the picture.

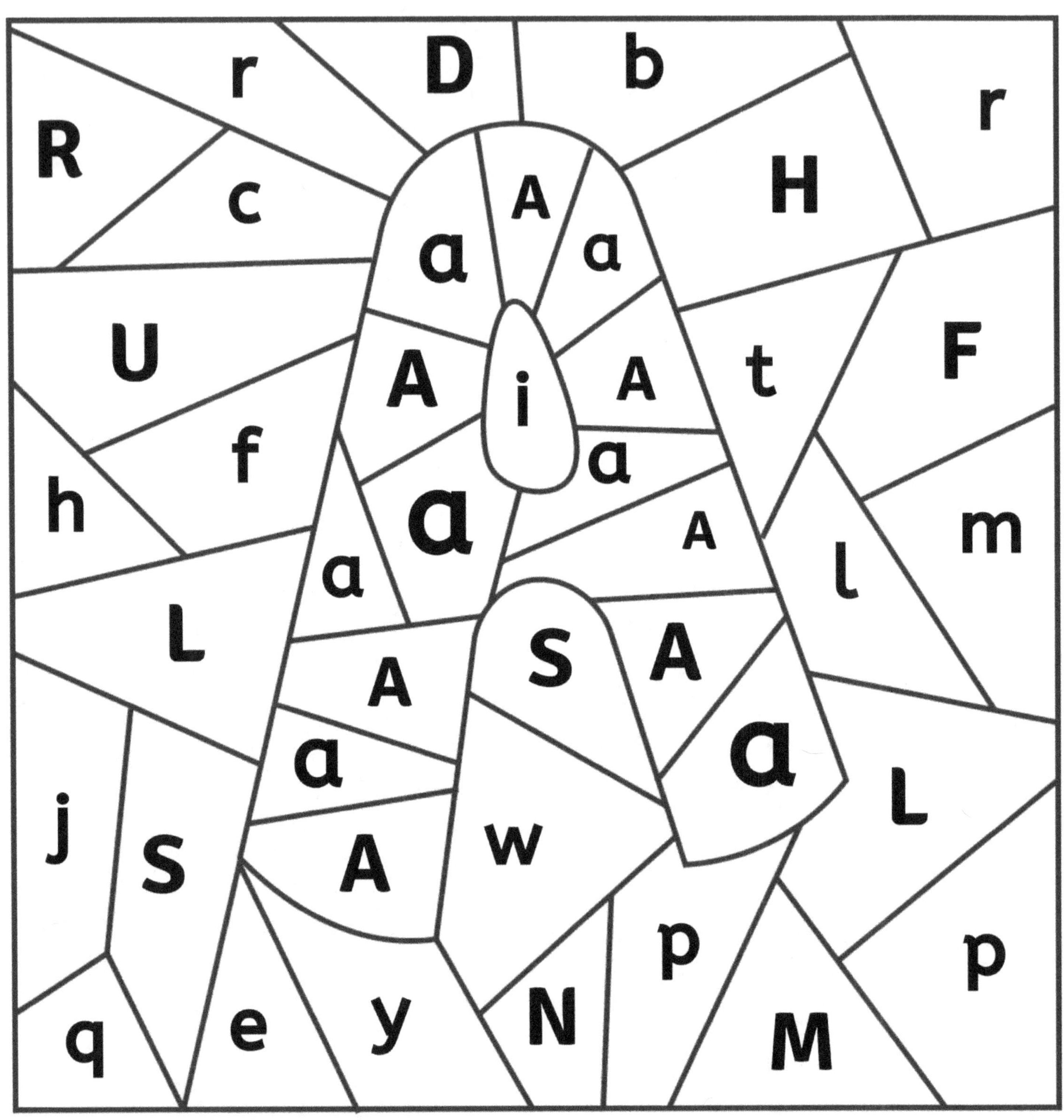

1 2 3
B
1 2
b
123
Bus
B B B B
b b b b

Letters Maze

Folow the letter " b "to solve the maze.

		b	b	c	a	y
			c	b	b	b	u
i	j	w	g	g	b	k
u	b	b	b	b	b	w
p	b	u	h	t	k	p
a	b	b	o	p		
c	r	b	b	b		

1
1
Cat
C C C C
c c c c

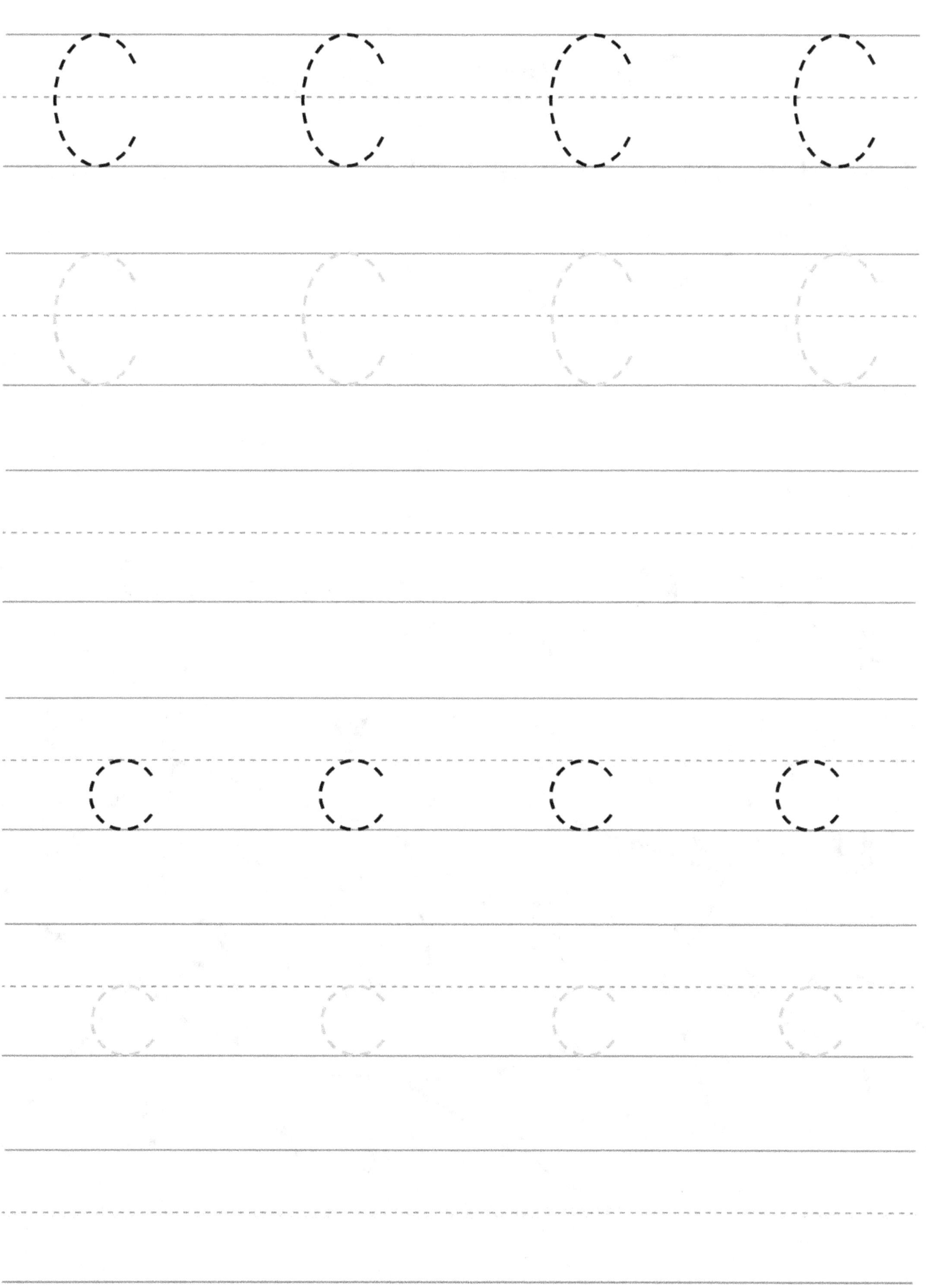

Secret Letter

Color the tiles with the letter Cc to reveal the picture.

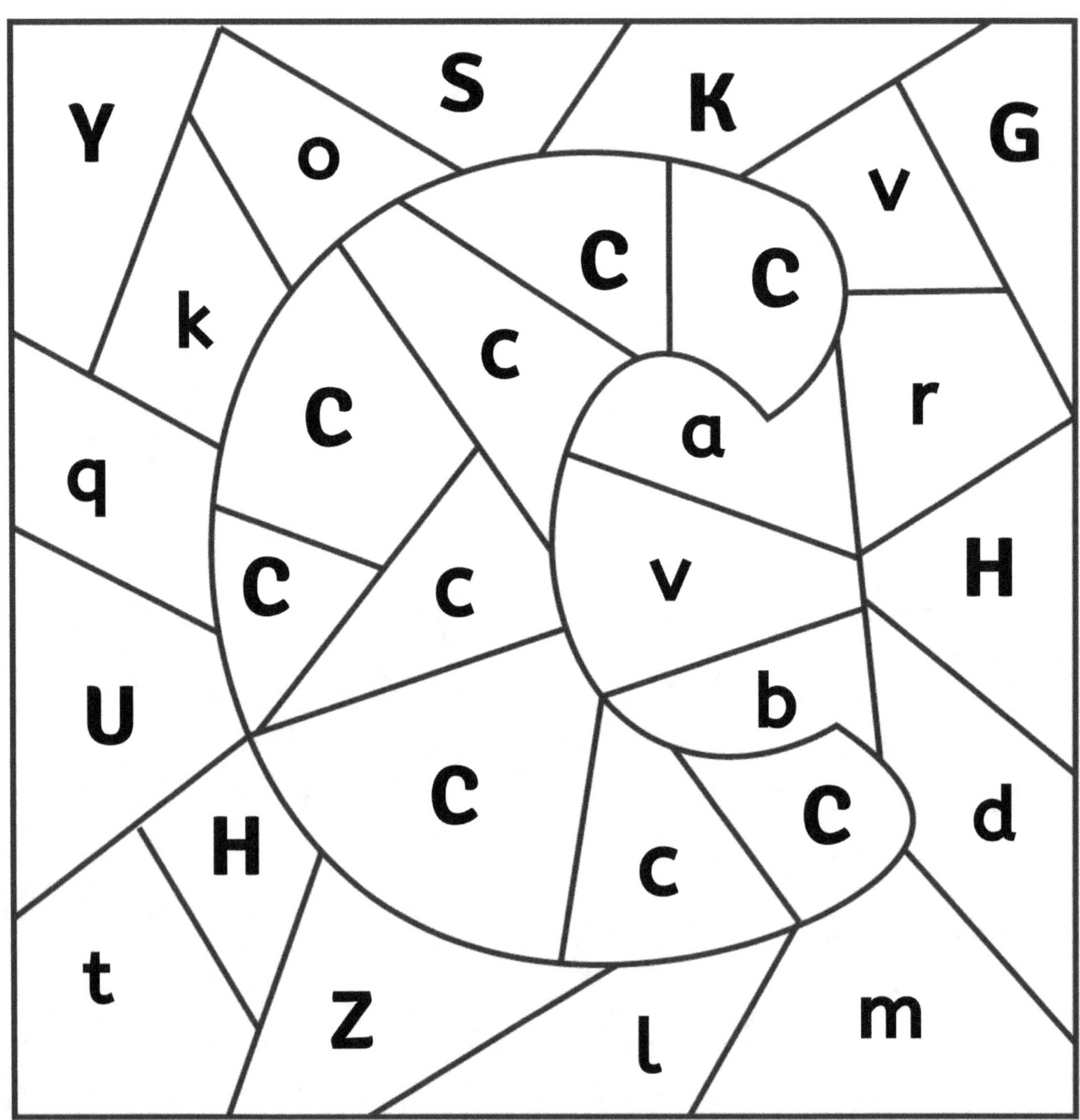

D d
Donut

Letters Maze

Follow the letter " d " to solve the maze.

Letters Matching

Match the uppercase and lowercase letters.

Missing Letters

Finish the letters.

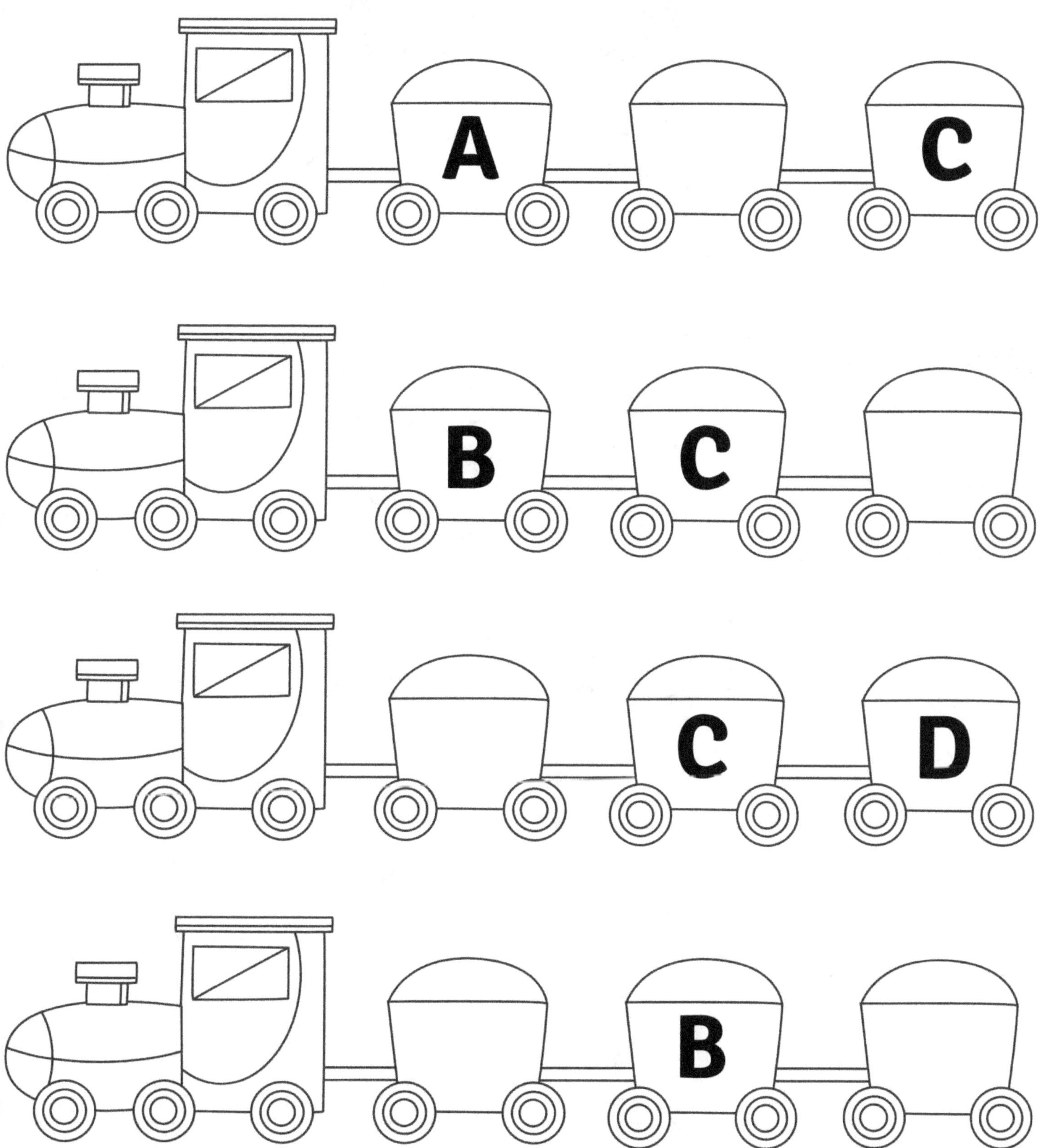

1
2
3
4
E e
Elephant
E E E E
e e e e

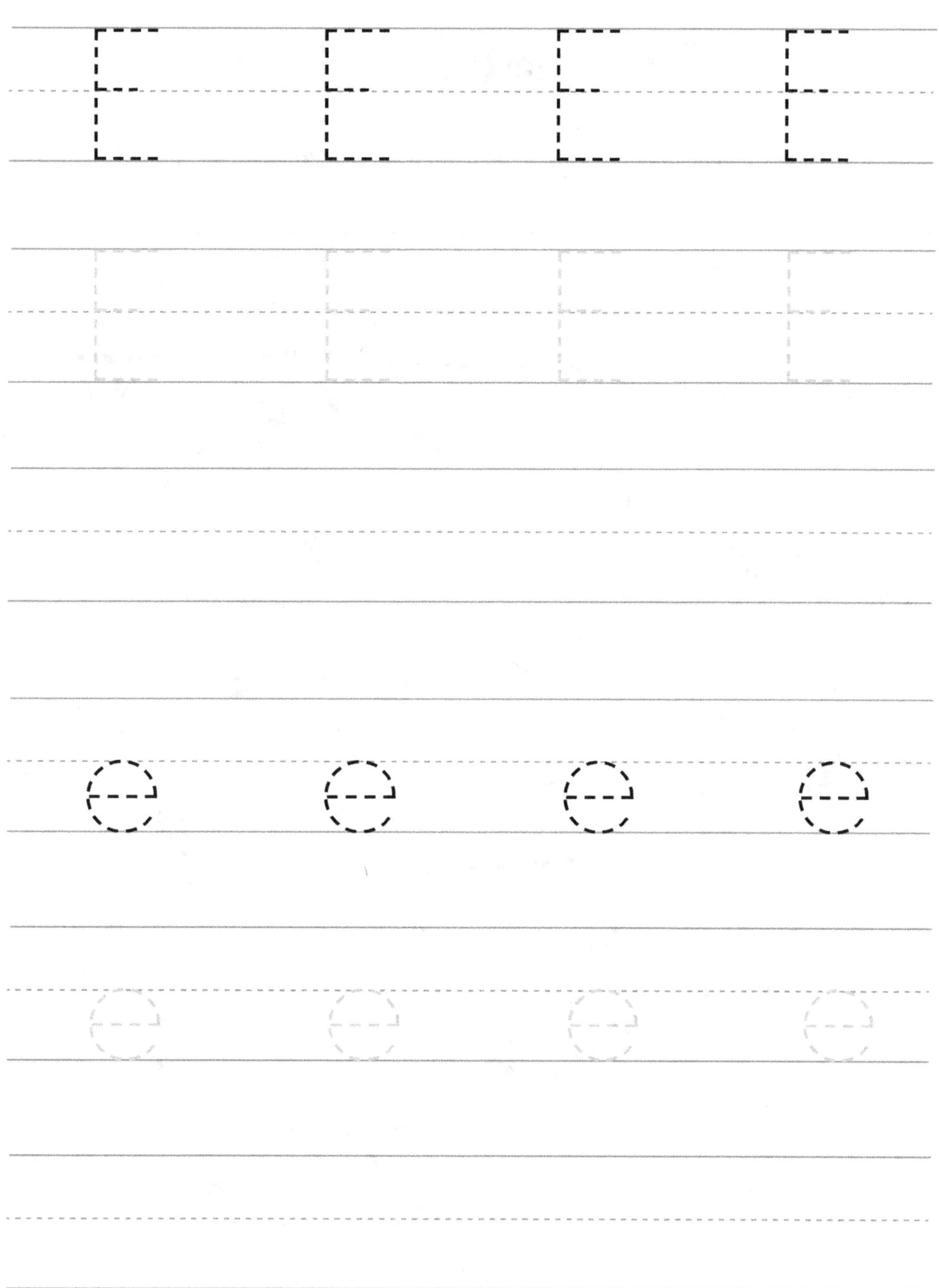

Secret Letter

Color the tiles with the letter Ee to reveal the picture.

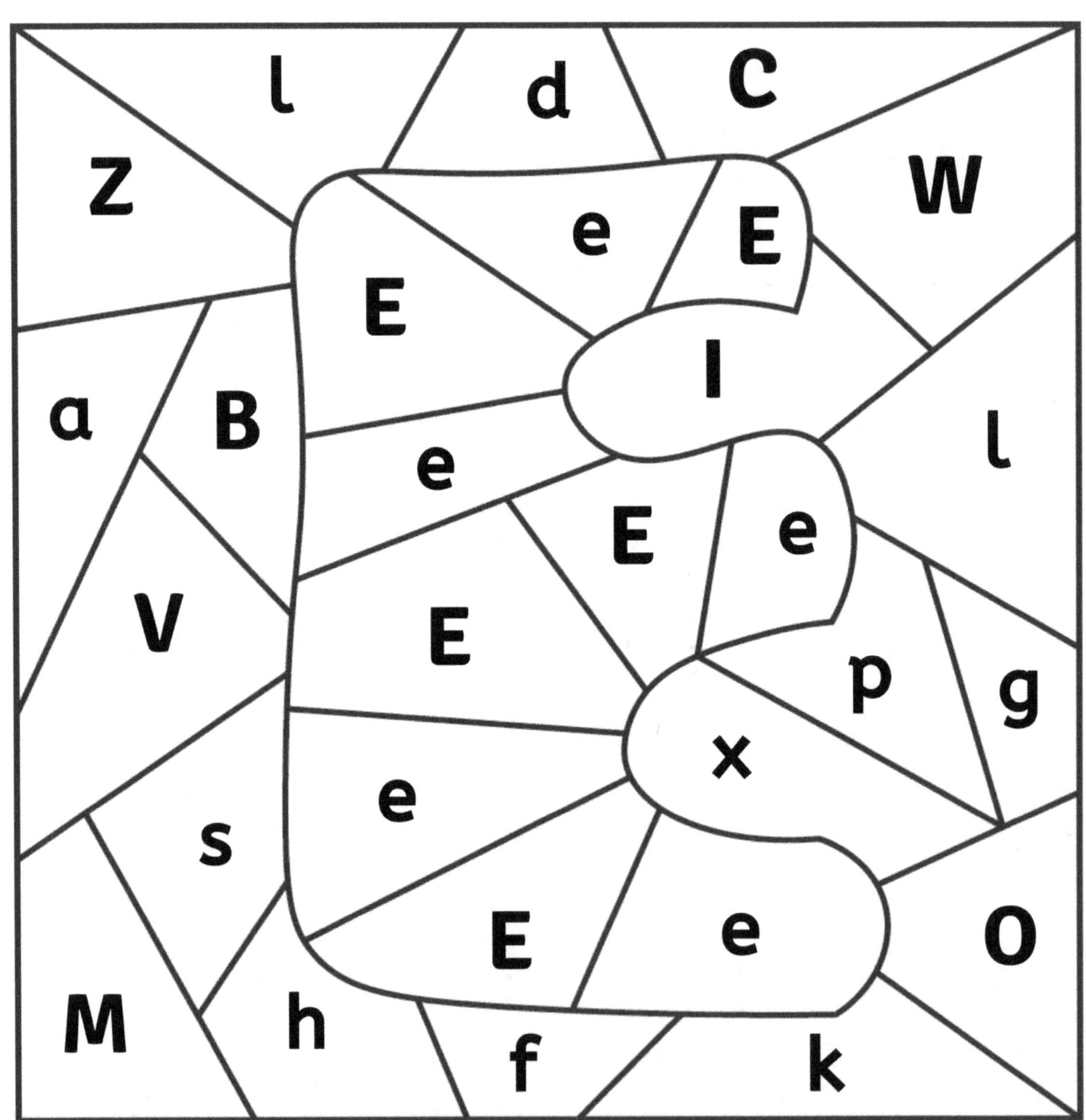

1 2
F
3
f
1
2
Fish
F F F F
f f f f

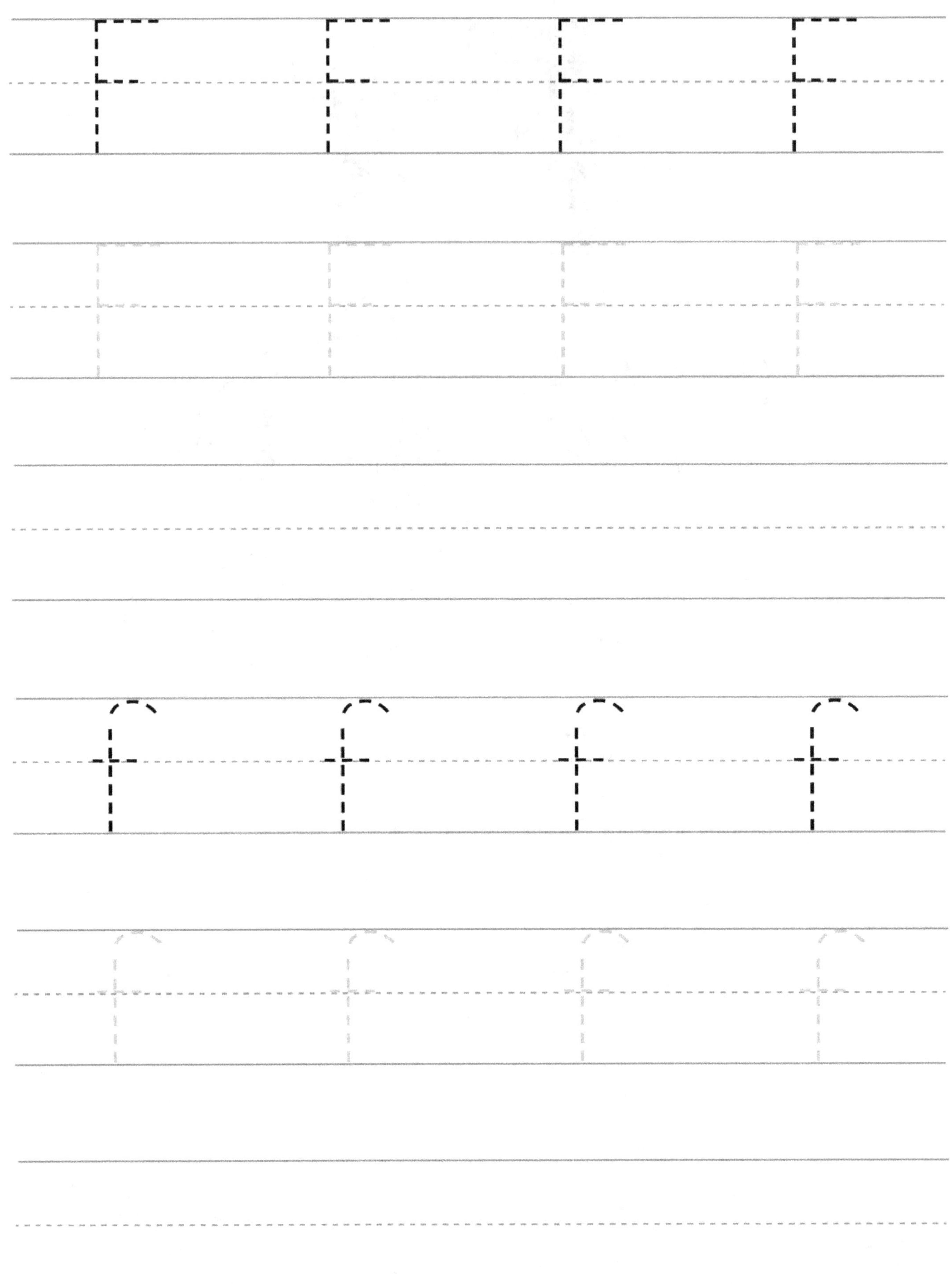

Letters Maze

Folow the letter " f " to solve the maze.

f	s	c	a	y
f	b	u	b	u

i	j	f	f	f	o	l
q	r	b	y	f	d	w
p	t	f	f	f	k	d
c	y	f	r	i		
b	r	f	f	f		

1
2
1
2
G g
Grapes
G G G G
g g g g

Secret Letter

Color the tiles with the letter Gg to reveal the picture.

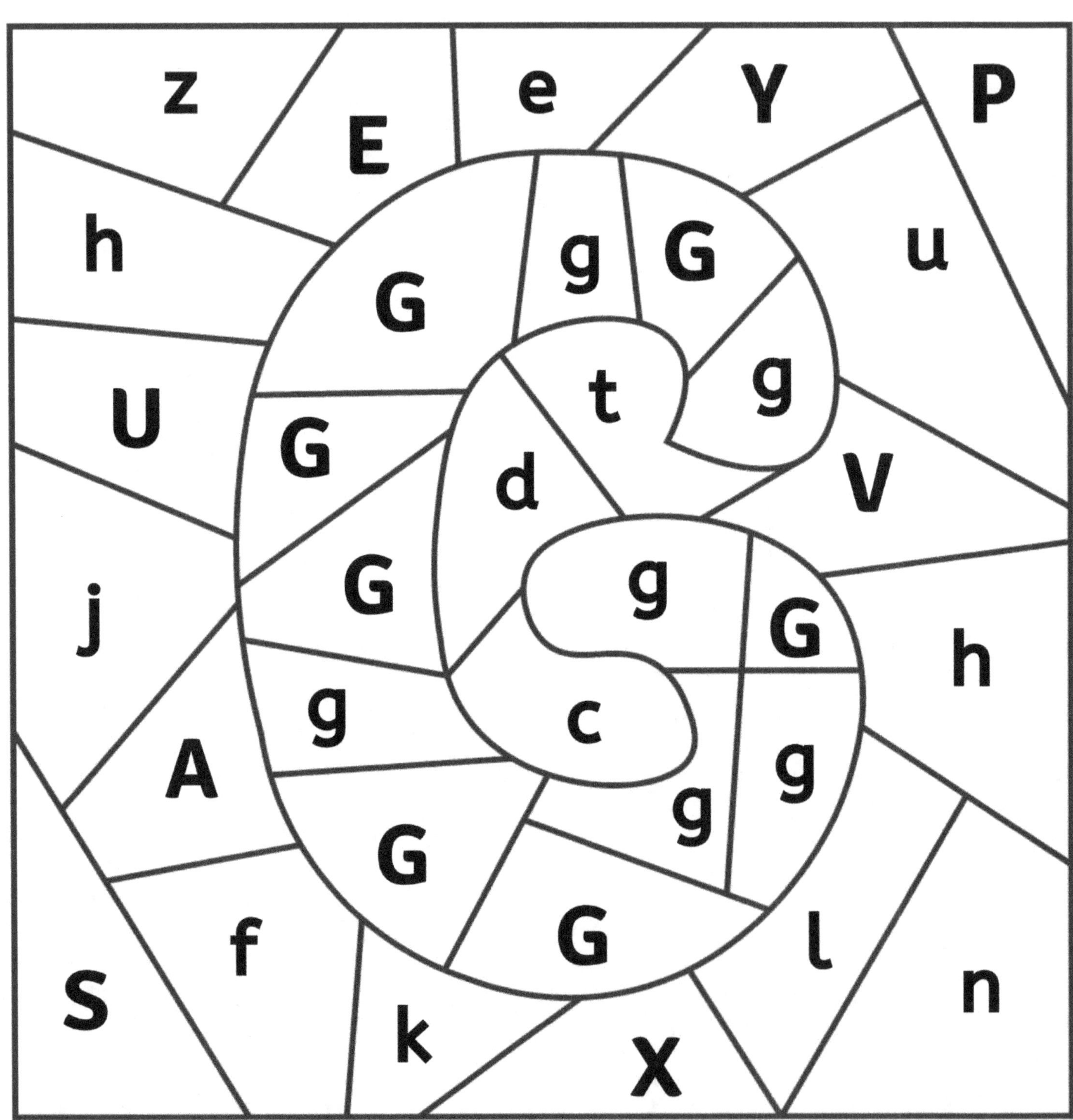

H h
Hamburger

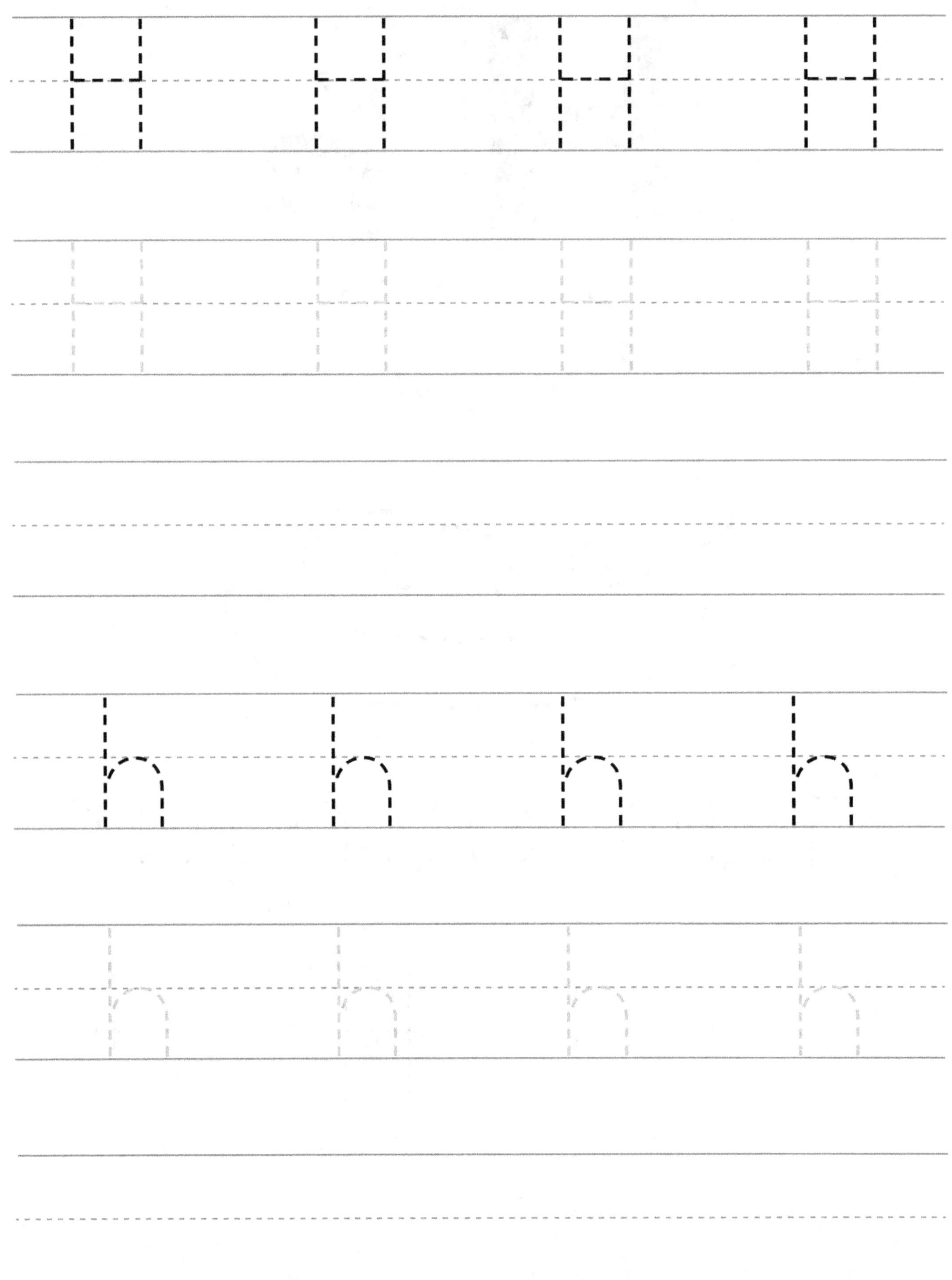

Letters Maze

Folow the letter " h "to solve the maze.

t	u	a	h	h
t	s	h	h	a
r	d	h	u	j	m	z
f	g	h	h	h	h	h
a	s	g	a	g	k	h
		n	n	l	k	h
		h	h	h	h	h

Letters Matching

Match the uppercase and lowercase letters.

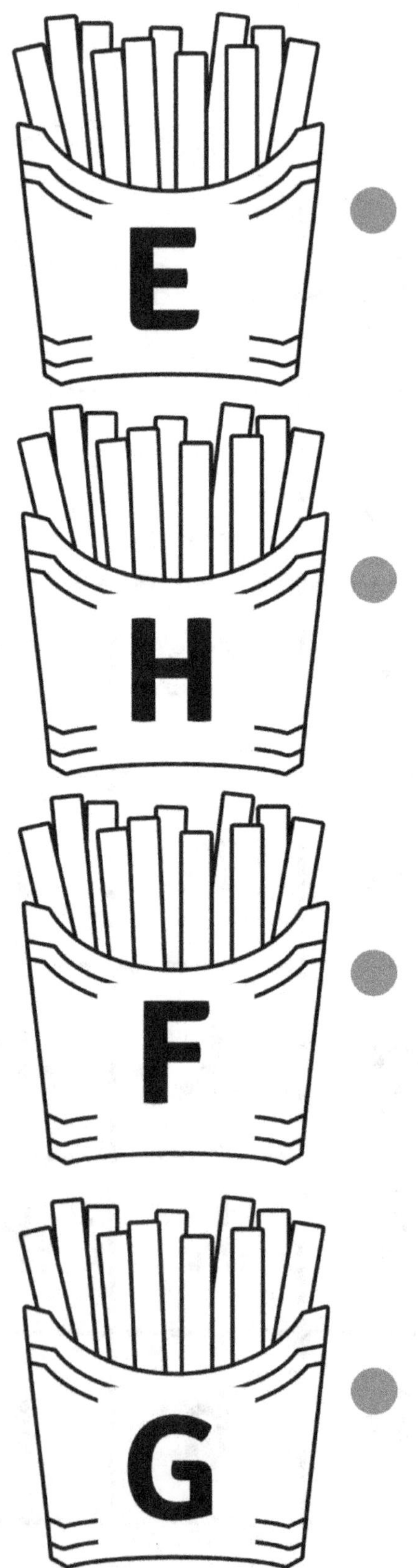

Missing Letters

Finish the letters.

Letters Matching

Cut out the letters and paste them by matching uppercase letters.

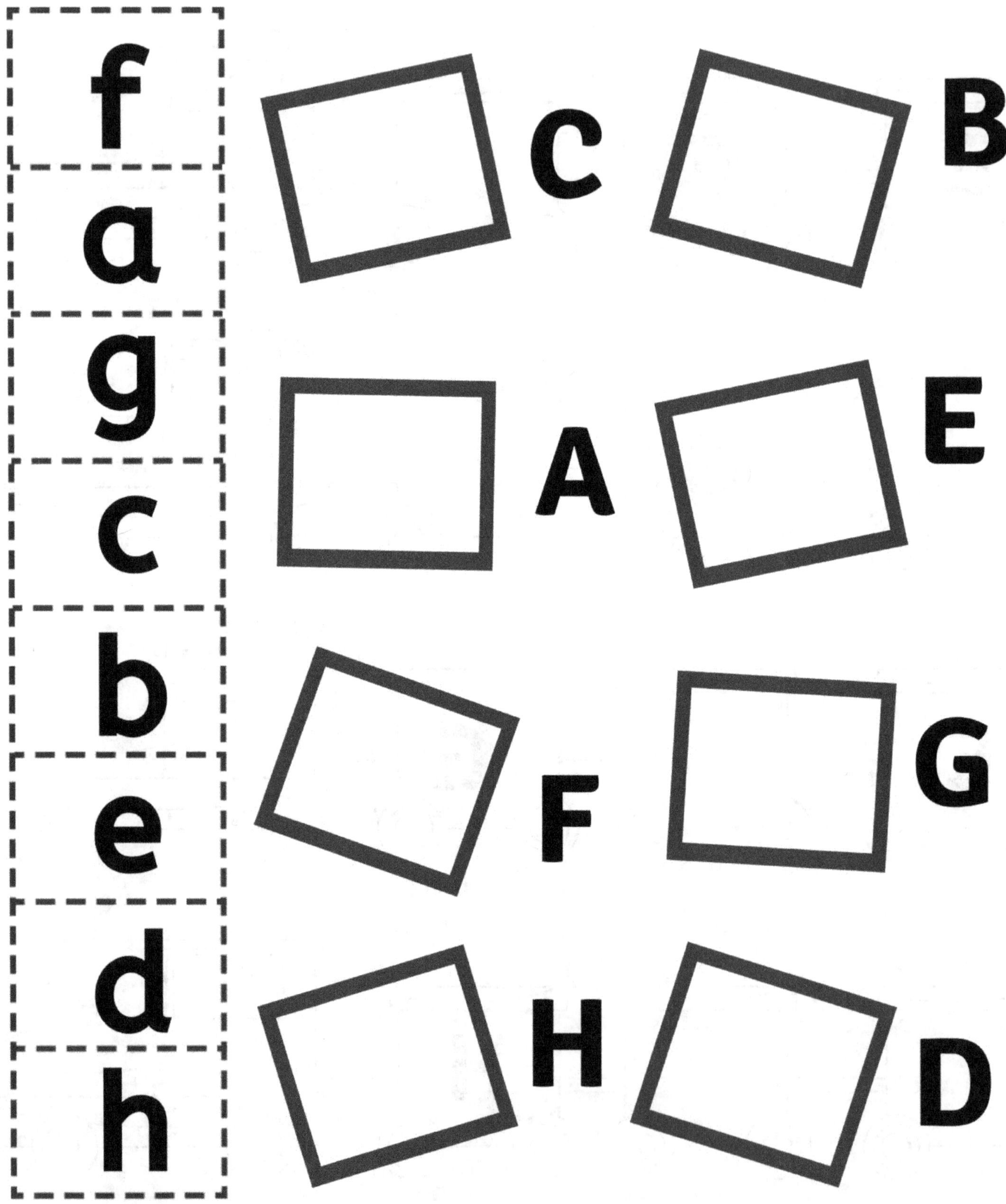

Ice-cream

Secret Letter

Color the tiles with the letter Ii to reveal the picture.

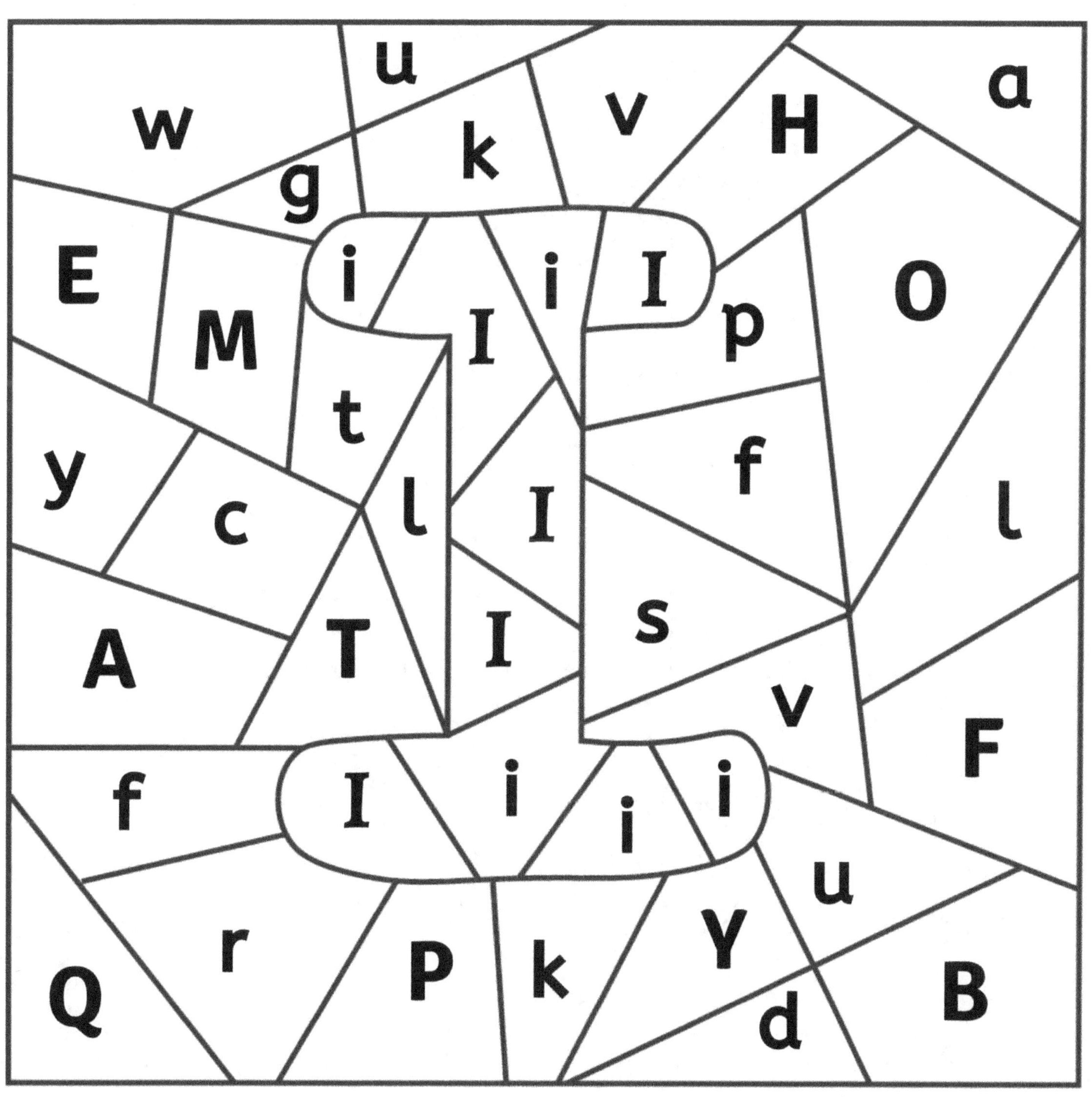

J
j
Jellyfish
J J J J
j j j j

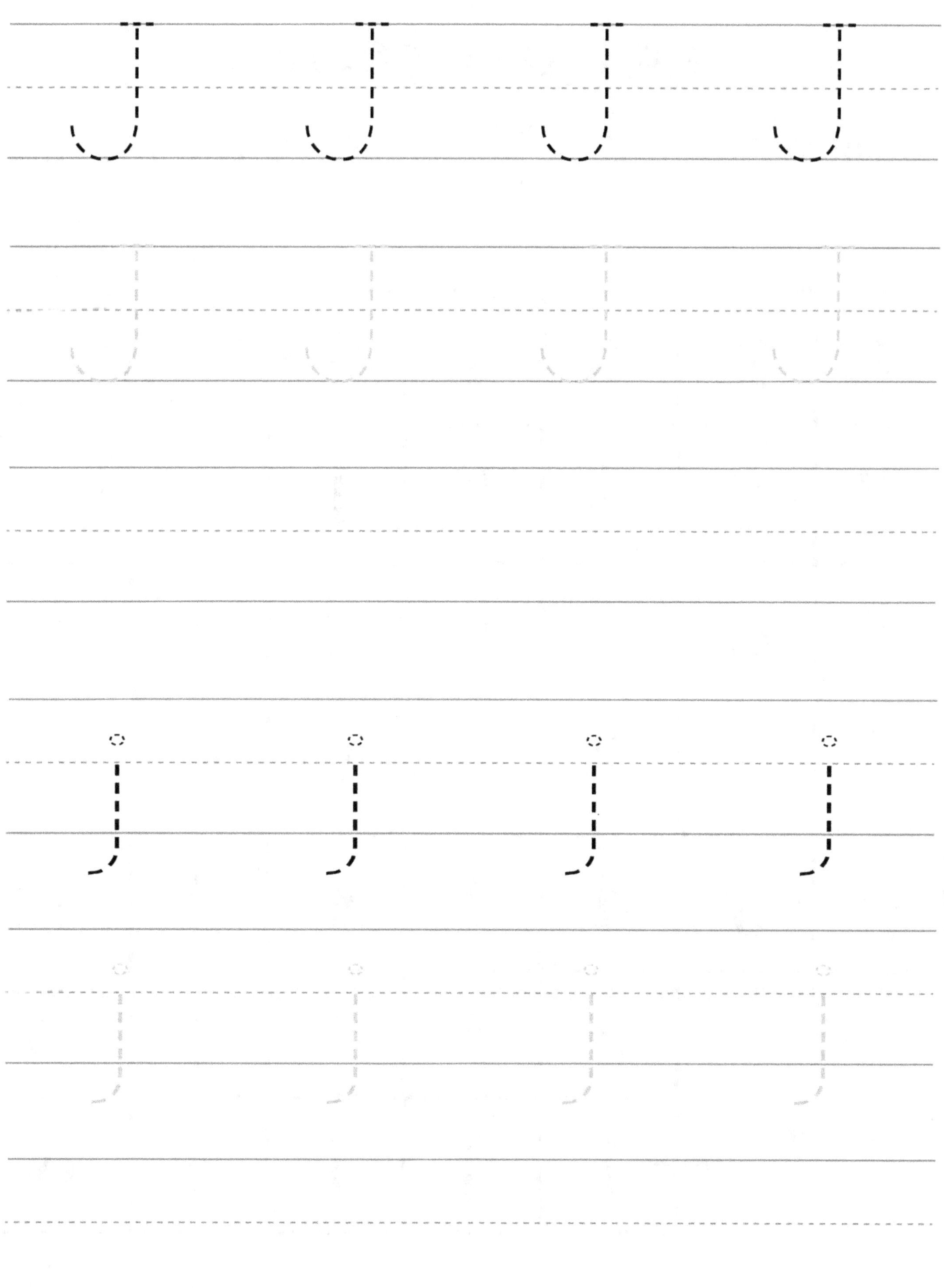

Letters Maze

Folow the letter " j " to solve the maze.

q	y	h	s	j		
w	u	l	b	j		
i	a	f	k	j	j	j
s	r	b	y	p	d	j
p	y	d	f	e	j	j
		z	t	i	j	m
		j	j	j	j	o

1 2 3
1 2 3
Koala
K K K K
k k k k

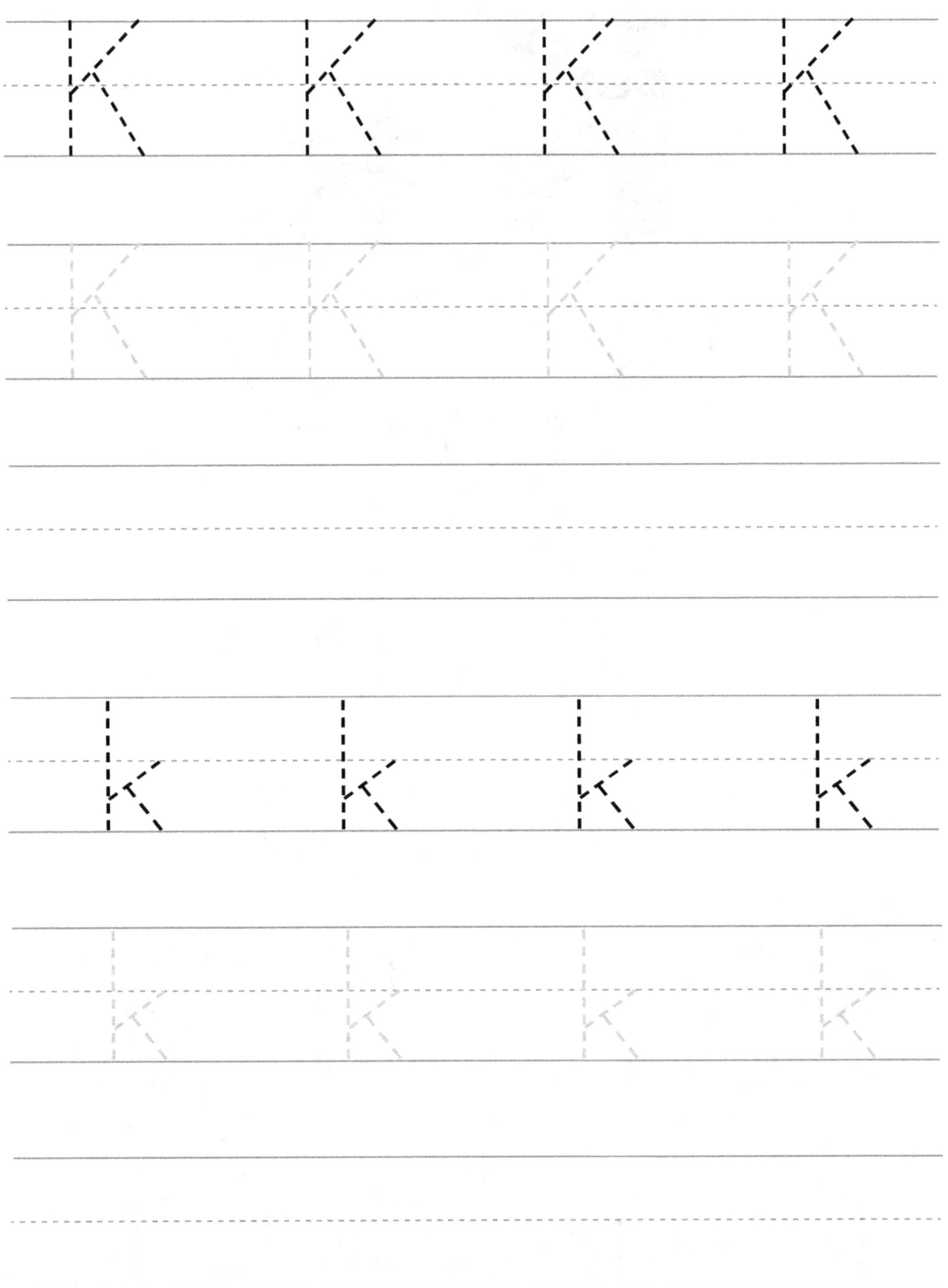

Secret Letter

Color the tiles with the letter Kk to reveal the picture.

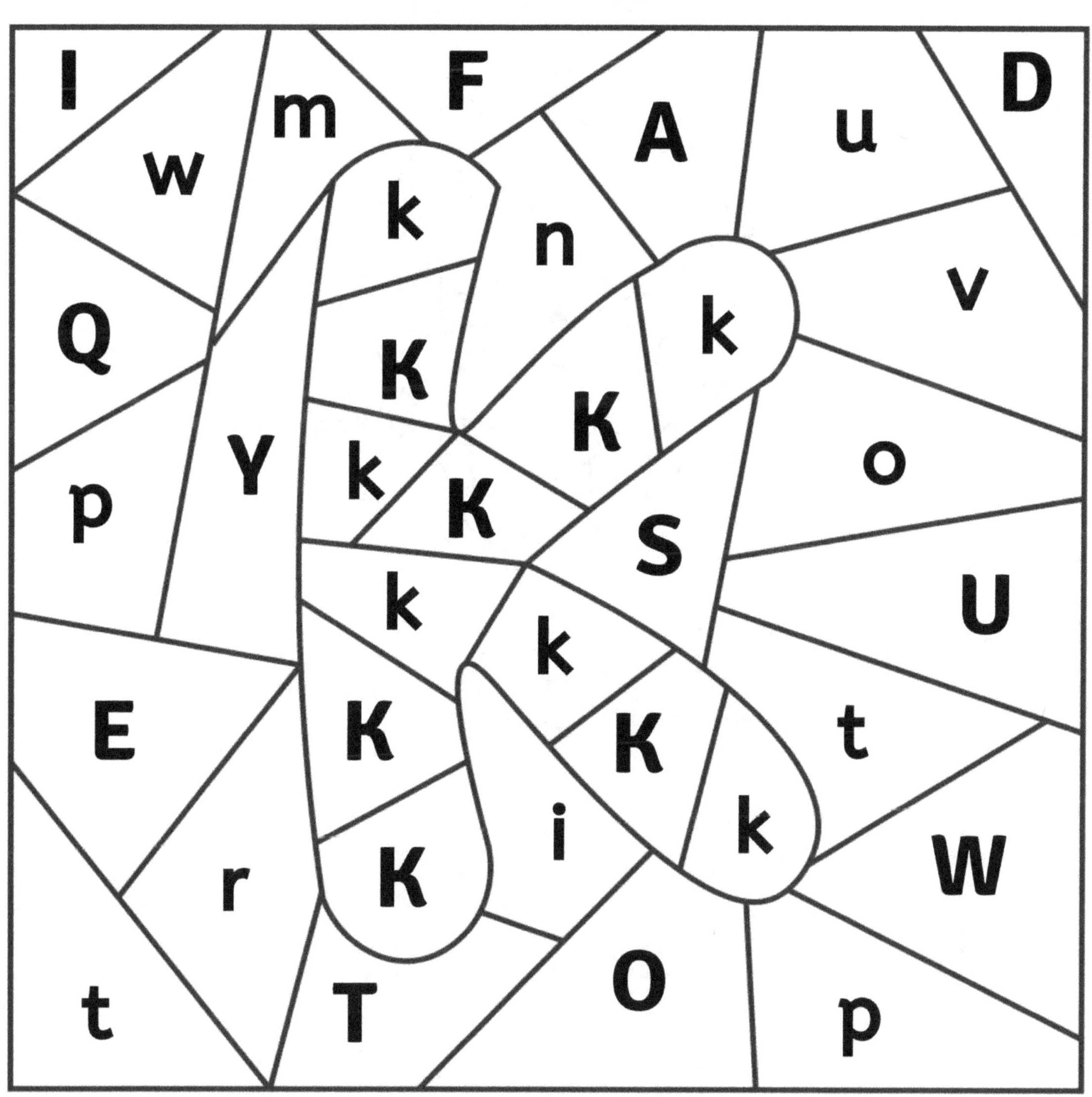

1
2
Ll
Lion

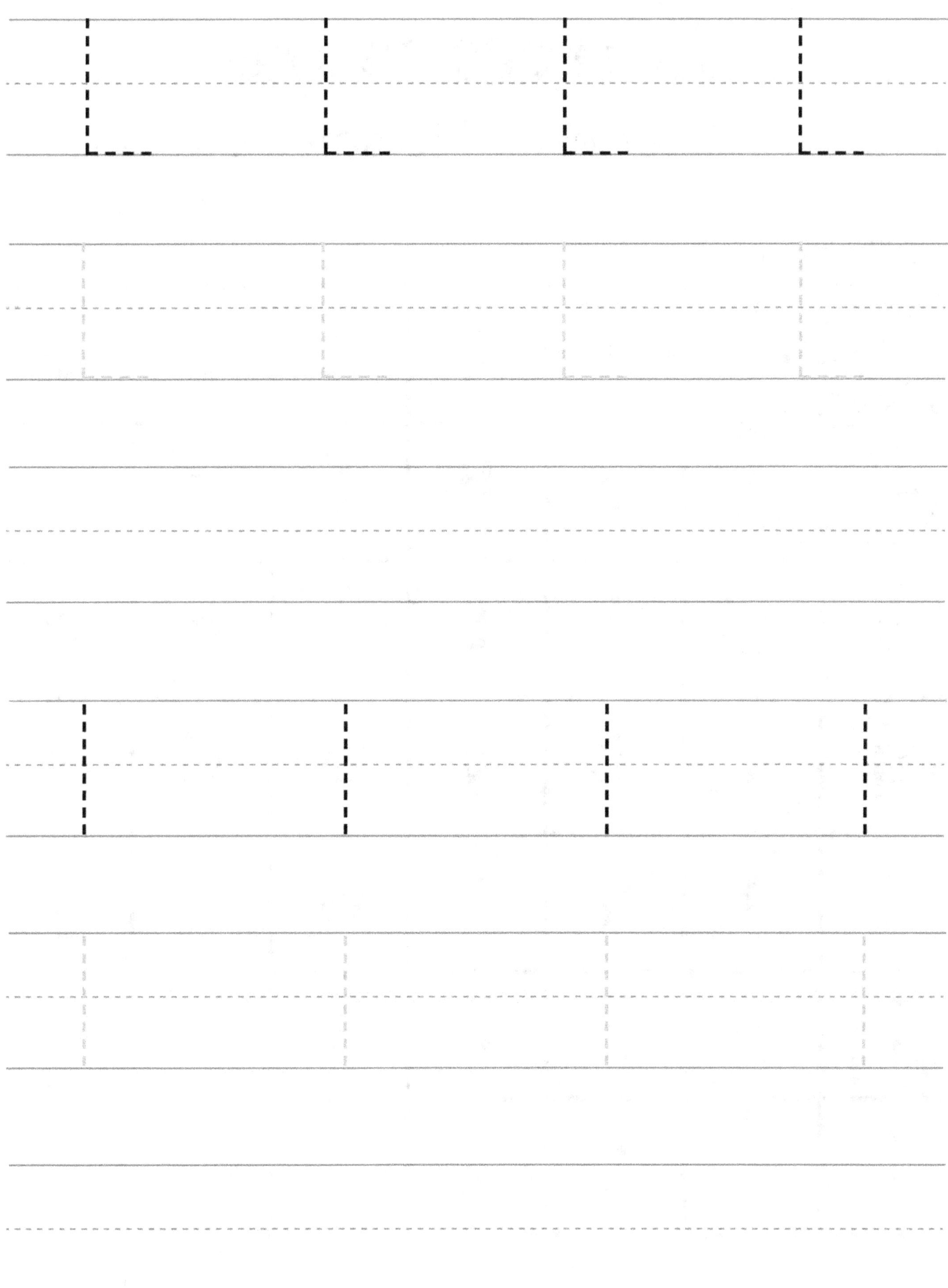

Letters Maze

Folow the letter " l " to solve the maze.

l	l	l	z	u
a	b	l	q	u
i	l	l	l	l	o	p
q	l	b	y	e	d	m
l	l	h	i	w	o	j
l	y	k	e	i
l	l	l	l	l

Letters Matching

Match the uppercase and lowercase letters.

Missing Letters

Finish the letters.

M
1 2 3 4
m
1 2 3
Monkey
M M M M M
m m m m

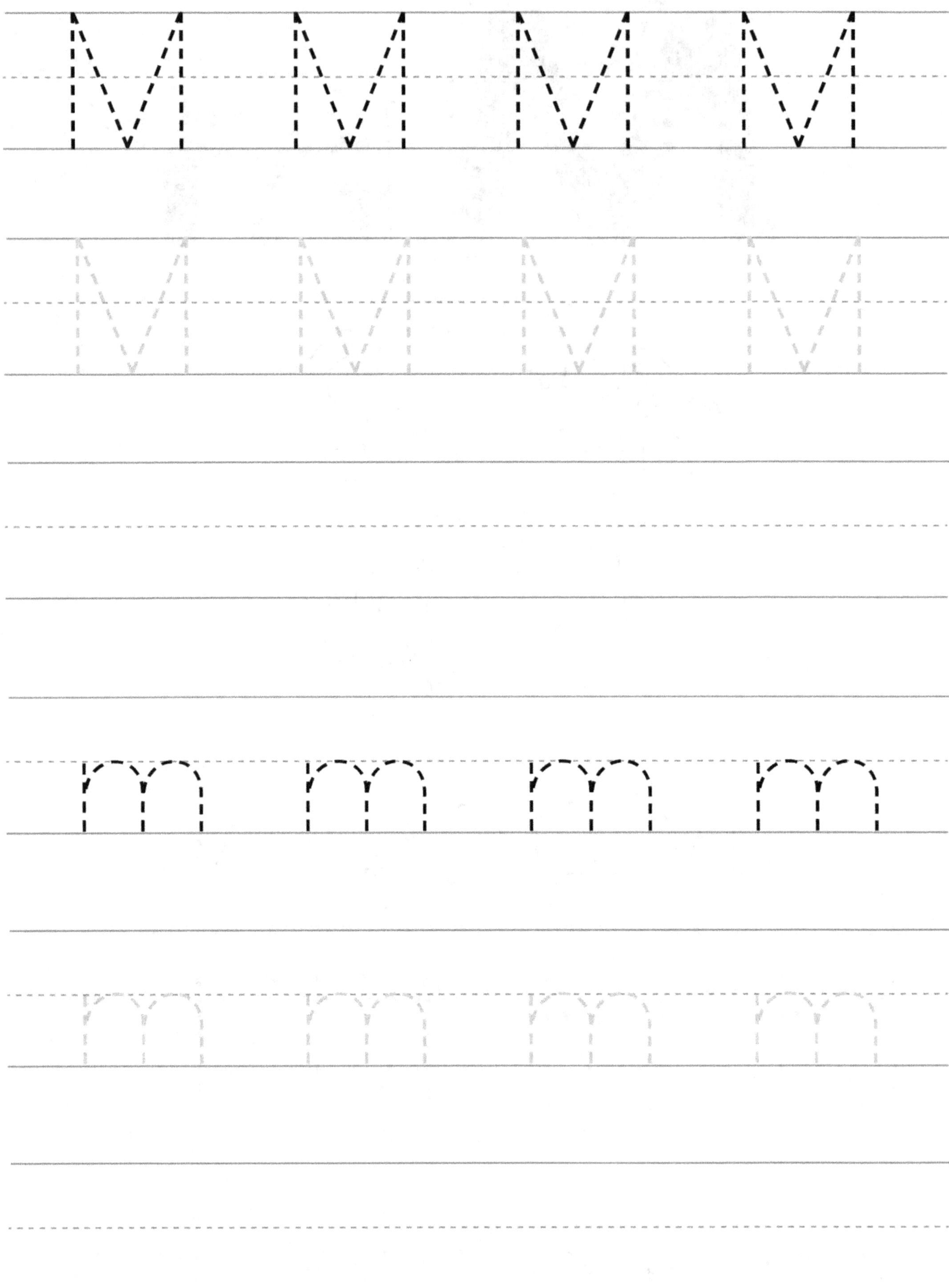

Secret Letter

Color the tiles with the letter Mm to reveal the picture.

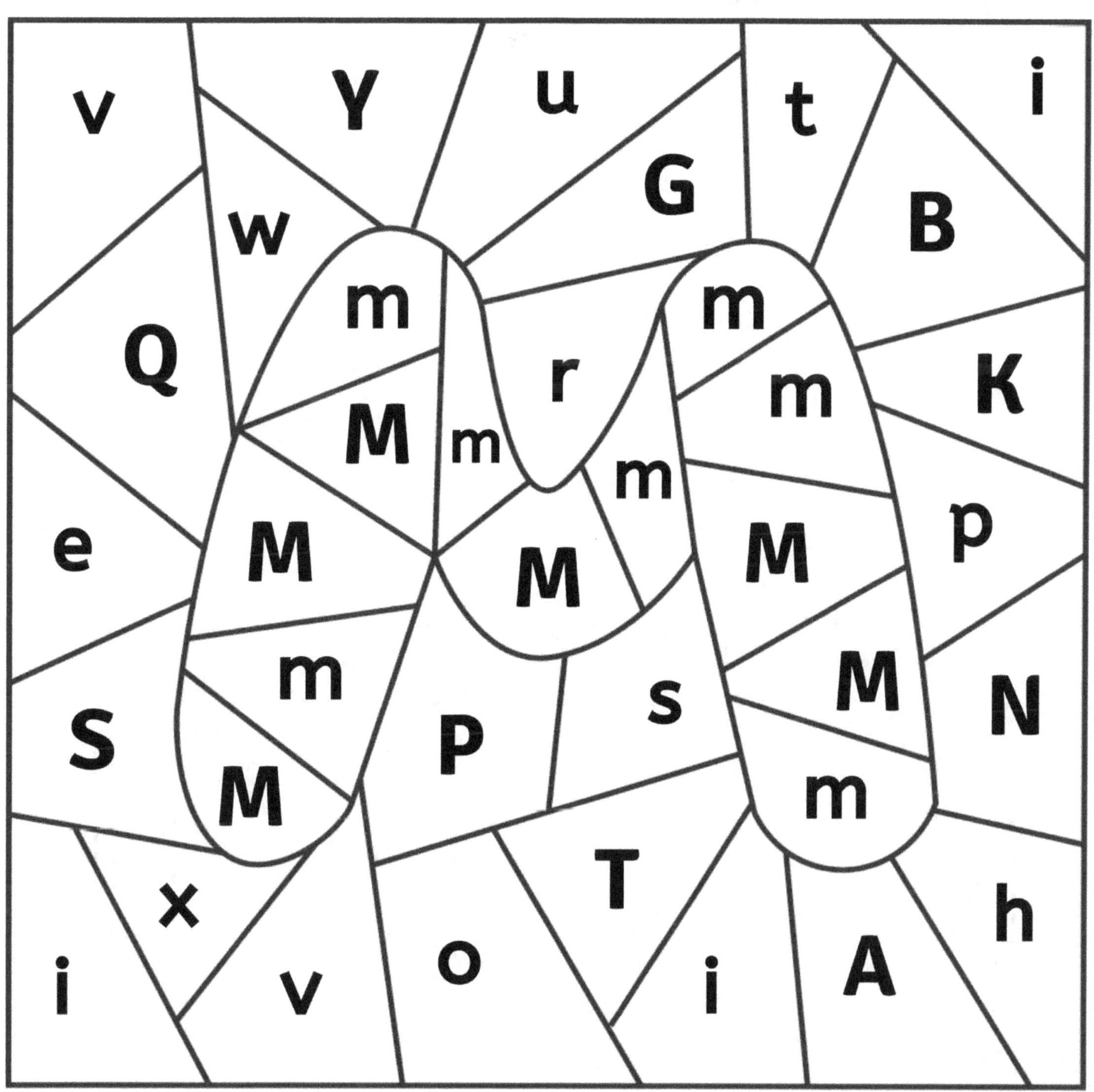

N n

1 2 3
4 5 6

Number

N N N N N

n n n n

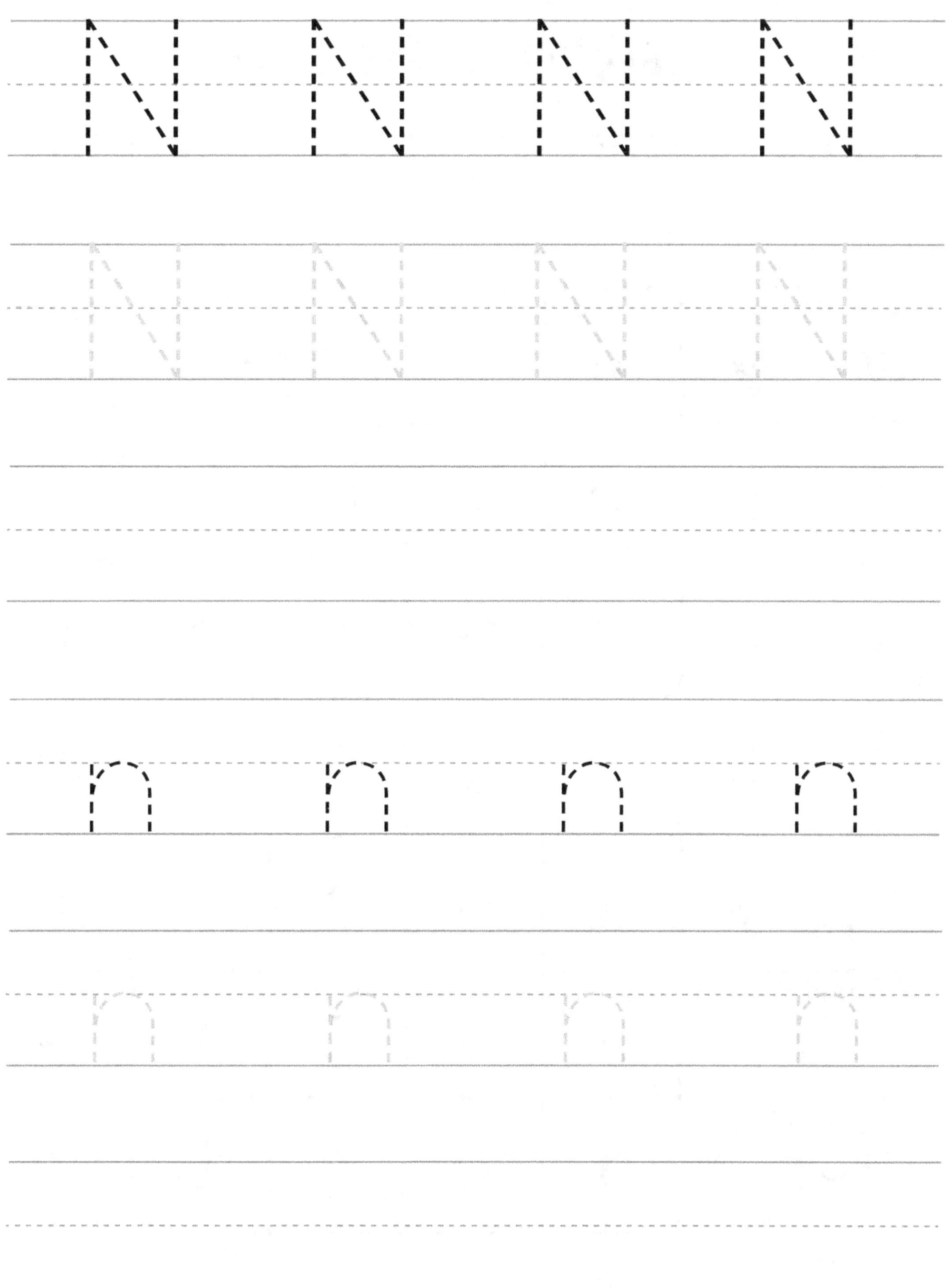

Letters Maze

Folow the letter " n " to solve the maze.

w	y	n	n	n		
r	p	n	d	b		
z	m	n	n	n	o	e
q	x	b	y	n	d	w
t	s	n	n	n	l	t
		n	d	j	c	y
		n	o	q	b	q

1
1
Octopus

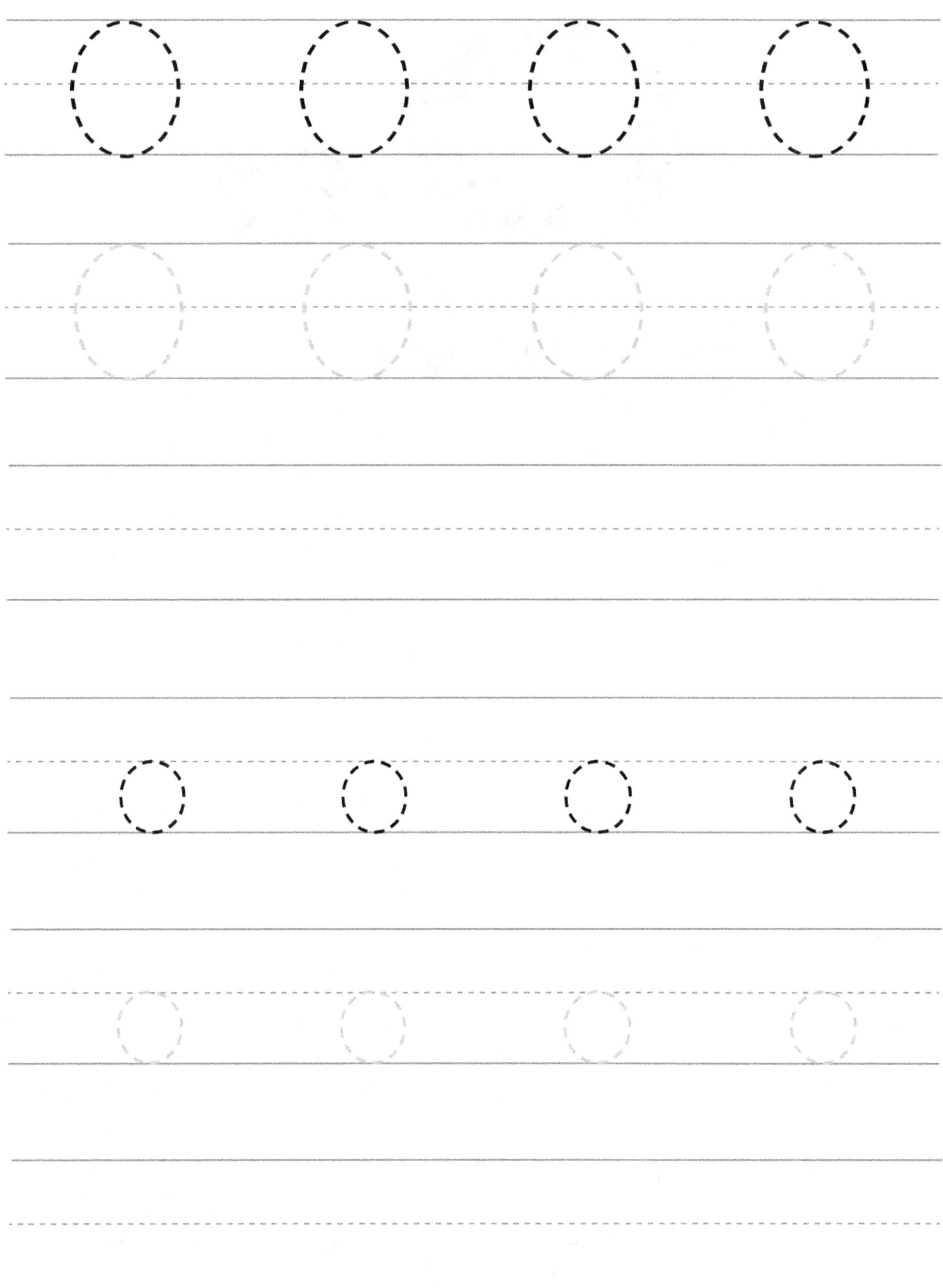

Secret Letter

Color the tiles with the letter Oo to reveal the picture.

P
p
Pumpkin
P P P P
p p p p

P P P P

P P P P

Letters Maze

Folow the letter " p " to solve the maze.

p	p	p	q	e
l	b	p	t	j
r	p	p	p	p	o	l
p	p	k	l	f	h	j
p	v	g	f	l	k	s
p	p	p	p	p
s	a	x	z	p

Letters Matching

Match the uppercase and lowercase letters.

Missing Letters

Finish the letters.

Letters Matching

Cut out the letters and paste them by matching uppercase letters.

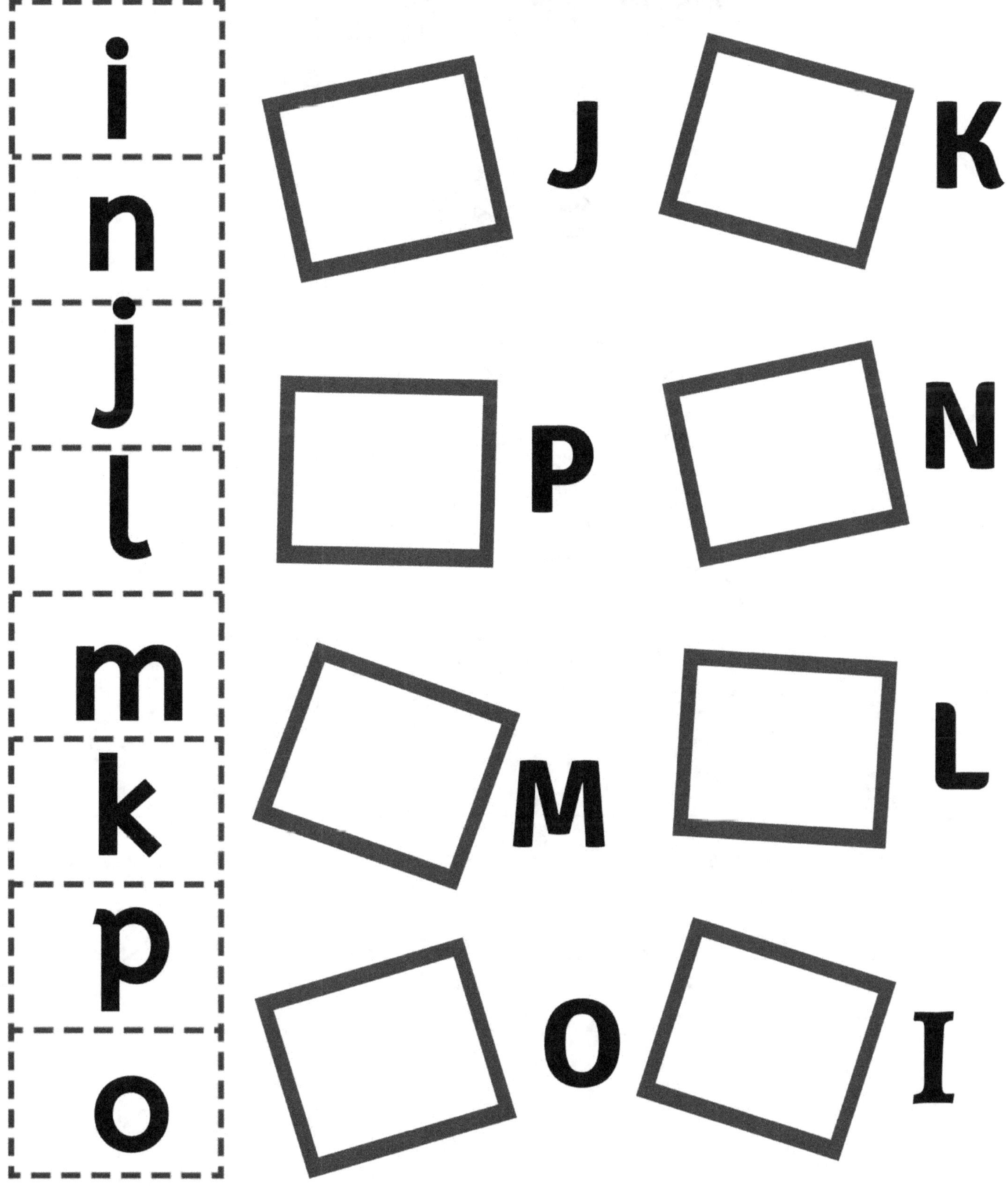

1
2
2
1
Queen

Secret Letter

Color the tiles with the letter Qq to reveal the picture.

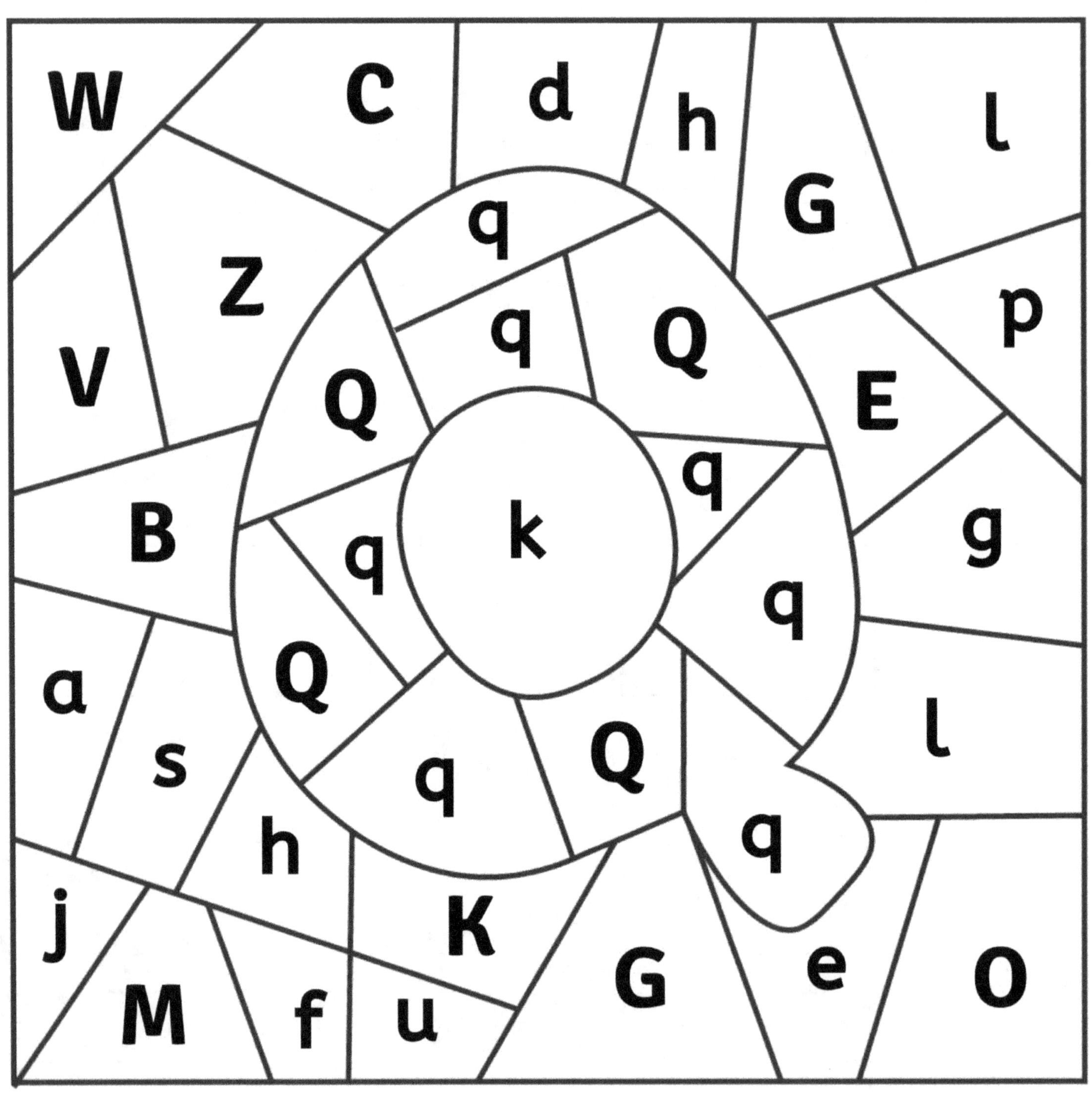

1 2
3
R
1
r
2
Rocket
R R R R
r r r r

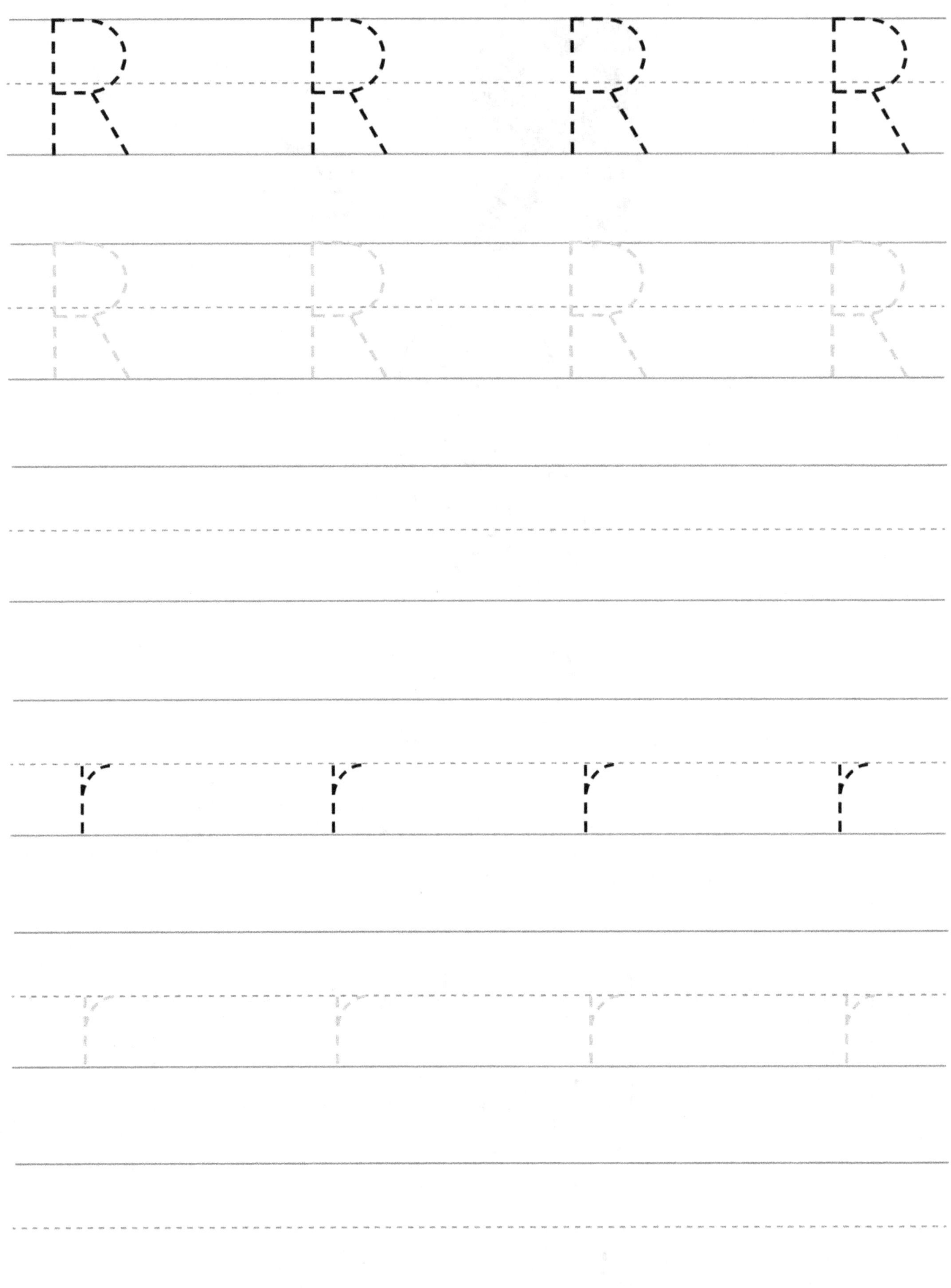

Letters Maze

Folow the letter " r " to solve the maze.

e	w	t	r	r	
q	k	j	r	b	
z	r	r	r	m	l	p
a	r	d	e	h	d	a
d	r	r	r	r	r	t
	x	v	j	r	y
	r	r	r	r	m

S s
Seal
S S S S
s s s s

S S S S

S S S S

S S S S

S S S S

Secret Letter

Color the tiles with the letter Ss to reveal the picture.

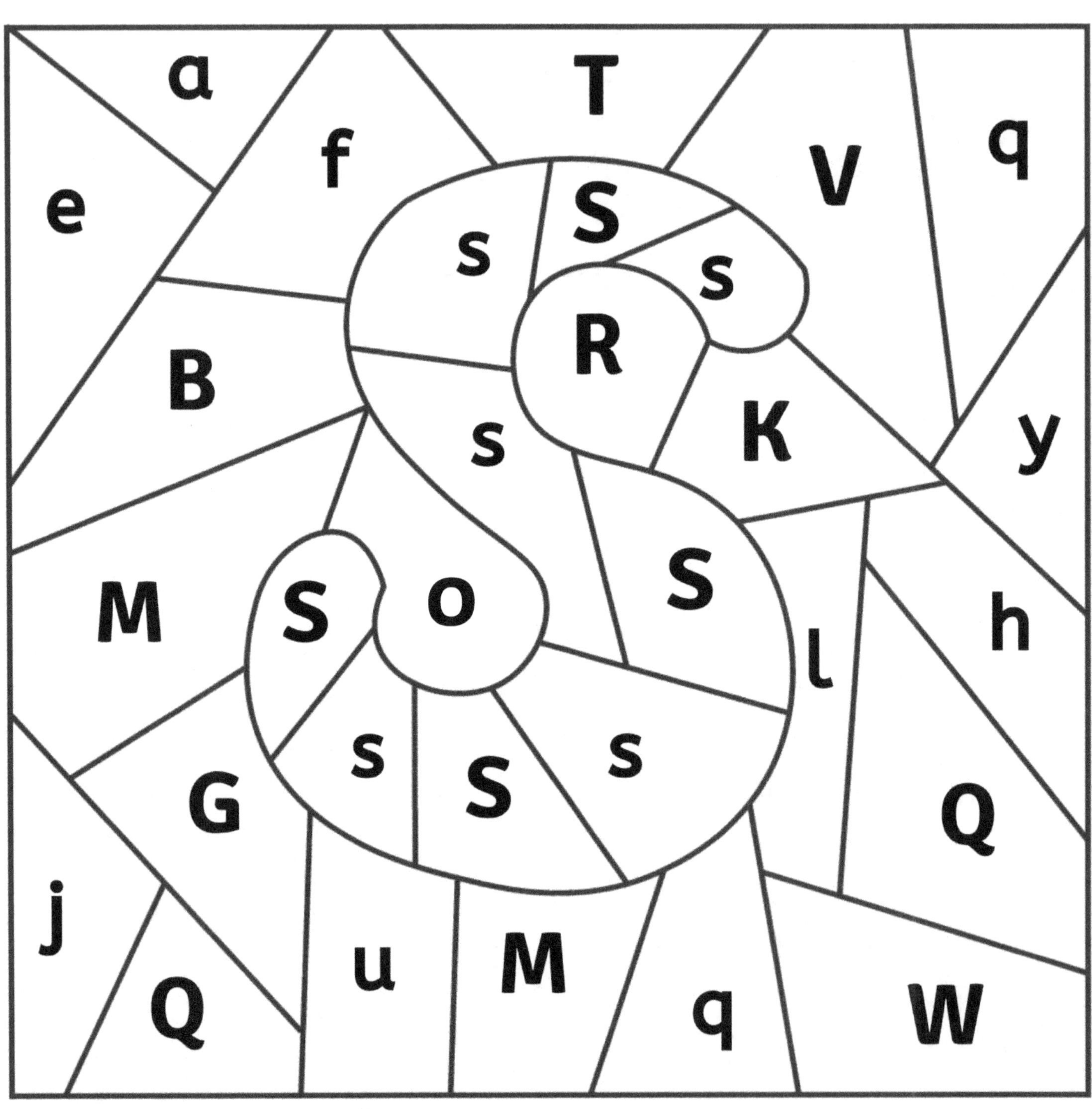

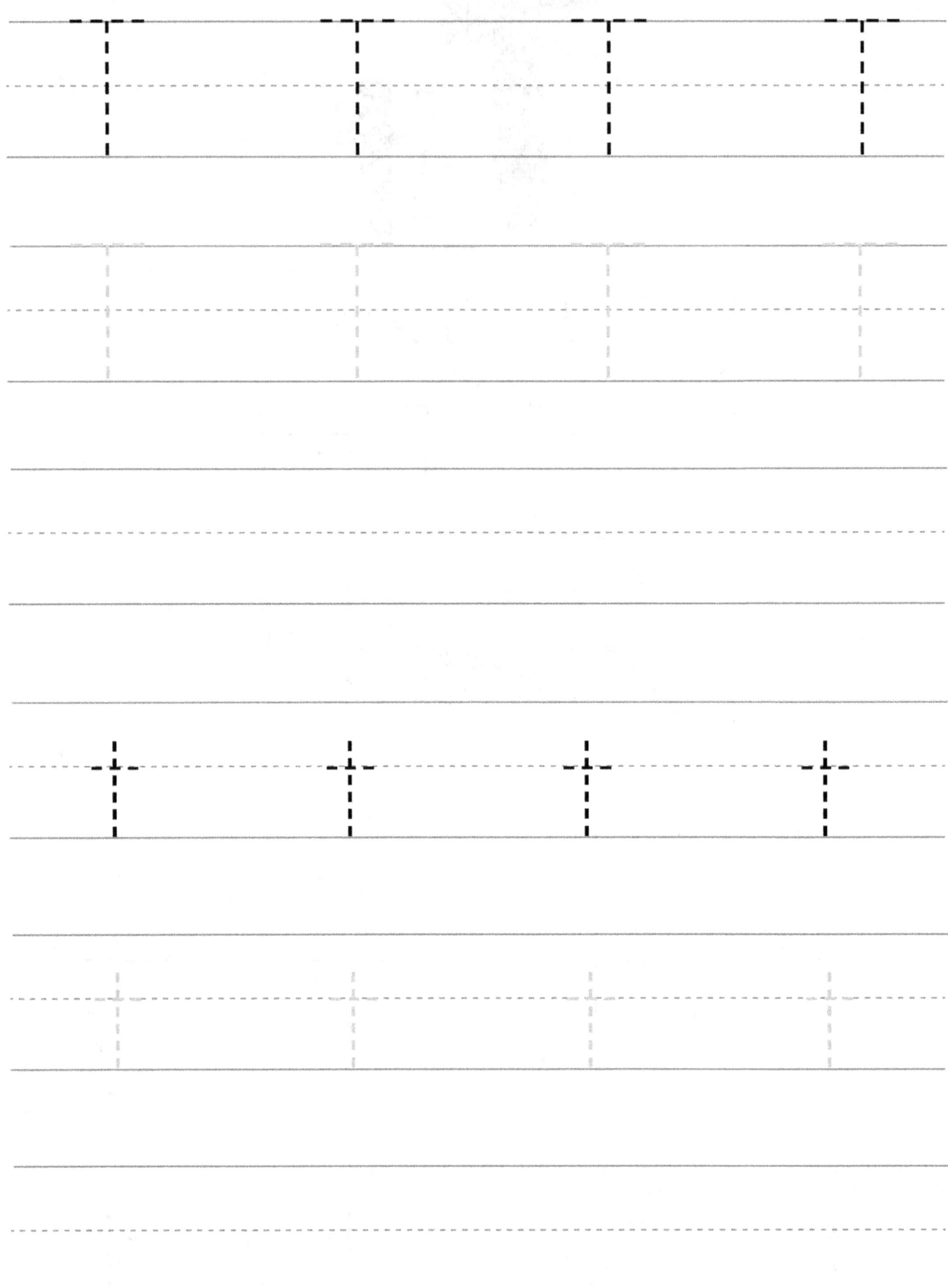

Letters Maze

Folow the letter " t " to solve the maze.

t	q	k	i	y
t	g	j	r	t

e	g	t	t	p	y	r
a	b	h	t	o	i	p
t	t	t	t	d	o	d
t	e	u	k	l		
t	t	t	t	t		

Letters Matching

Match the uppercase and lowercase letters.

Missing Letters

Finish the letters.

1
1
U u
UFO
U U U U
U U U U

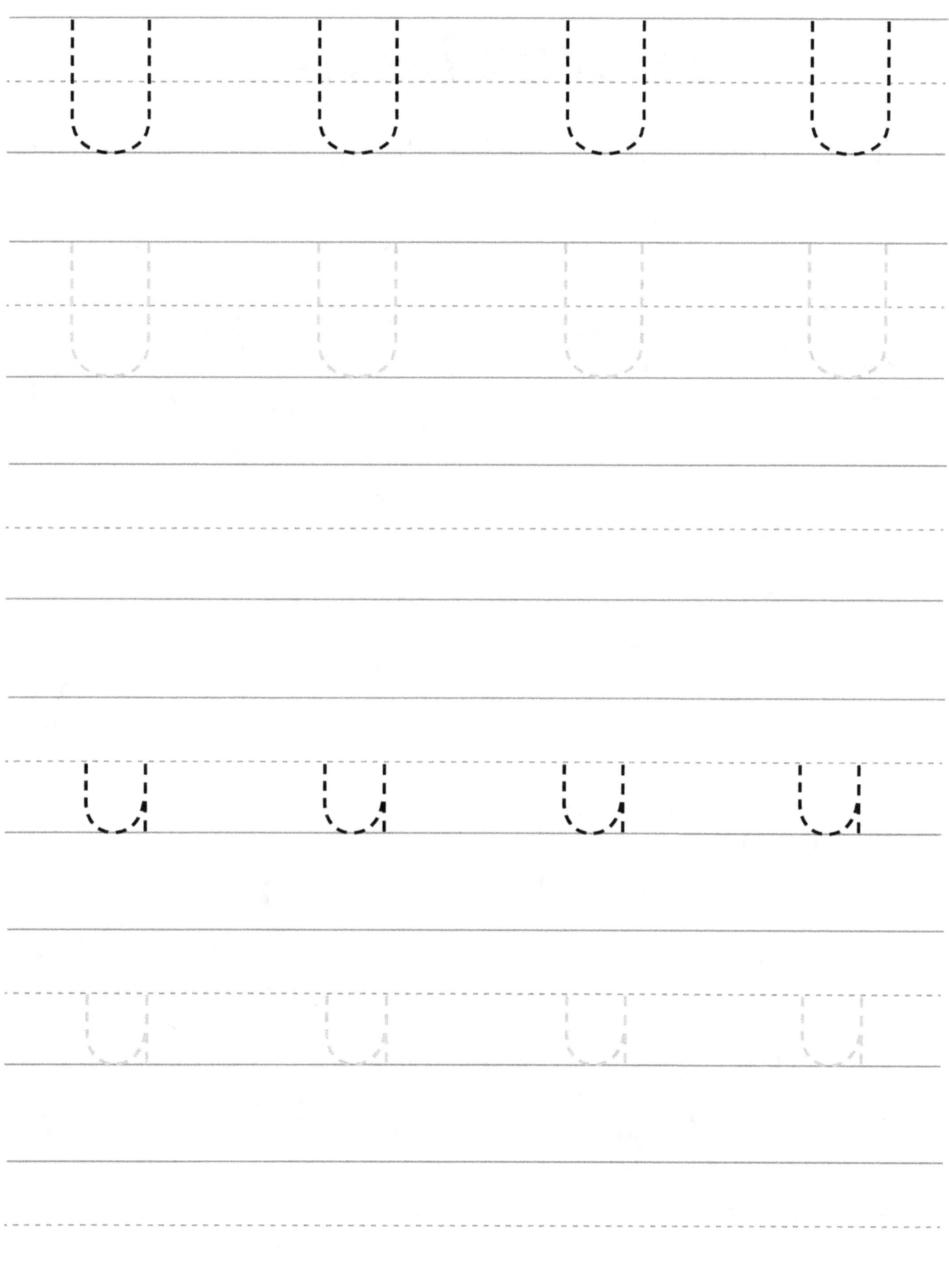

Secret Letter

Color the tiles with the letter Uu to reveal the picture.

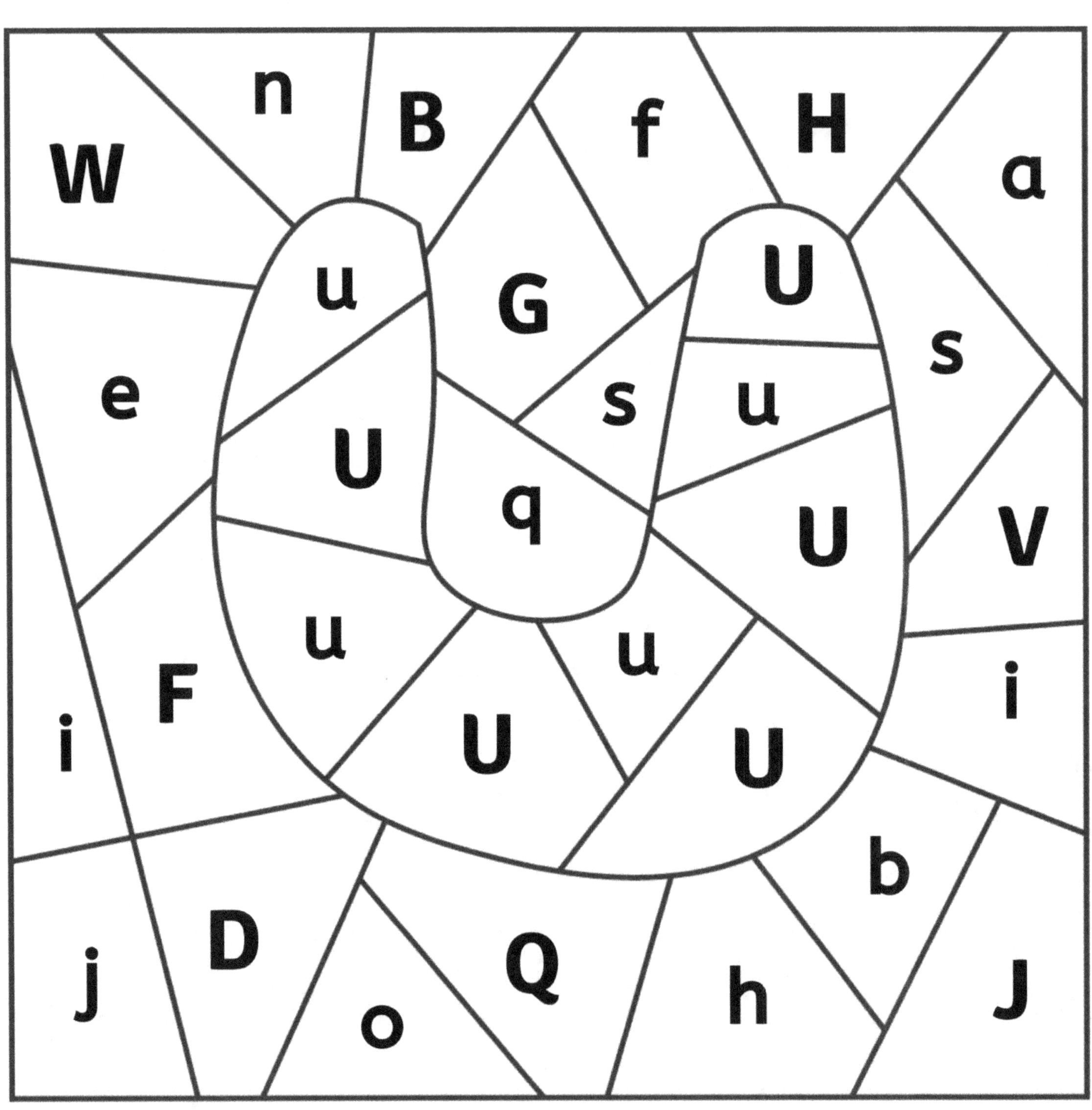

1
2
1
2
V v
Van
V V V V
v v v v

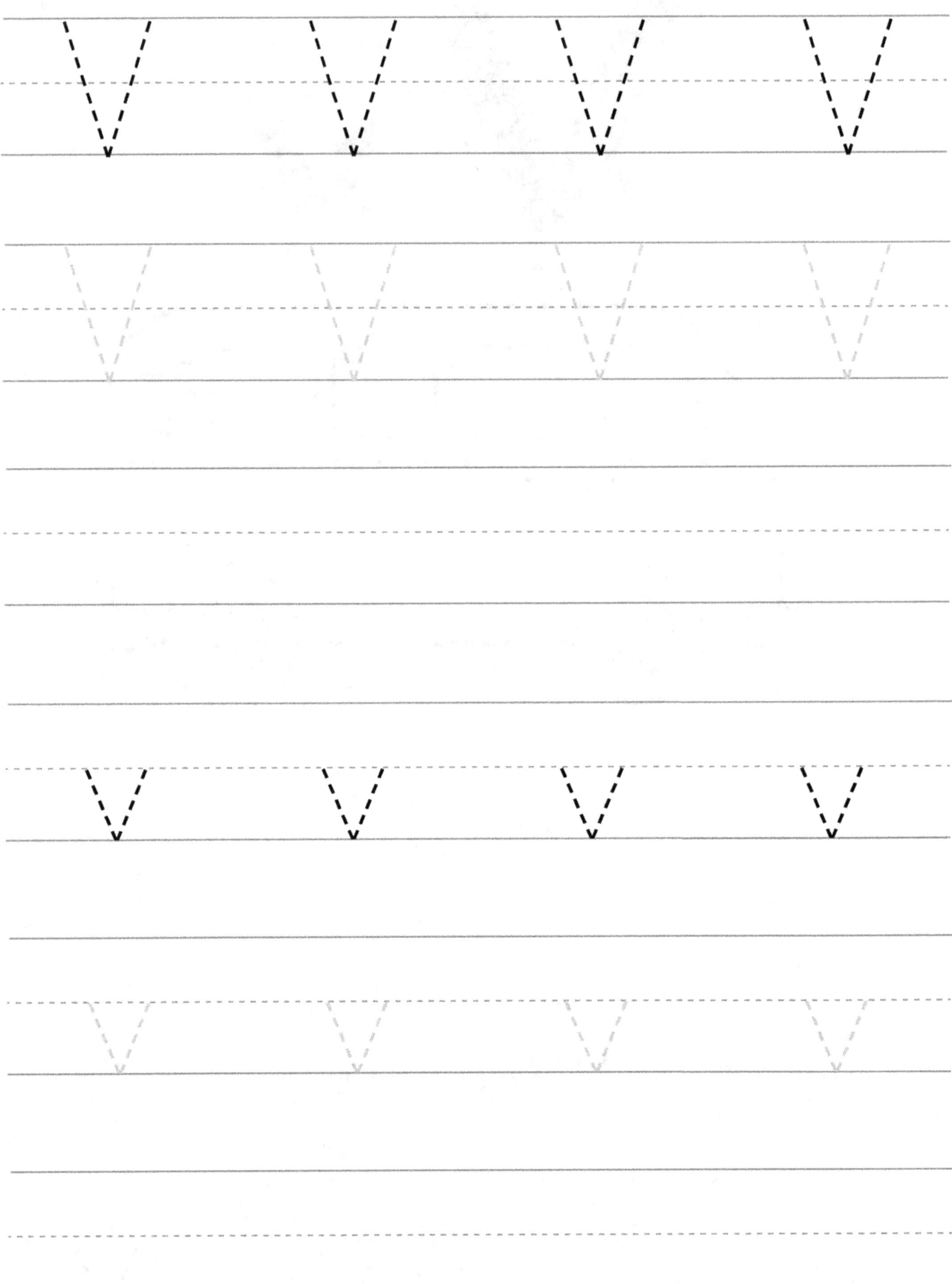

Letters Maze

Folow the letter " v " to solve the maze.

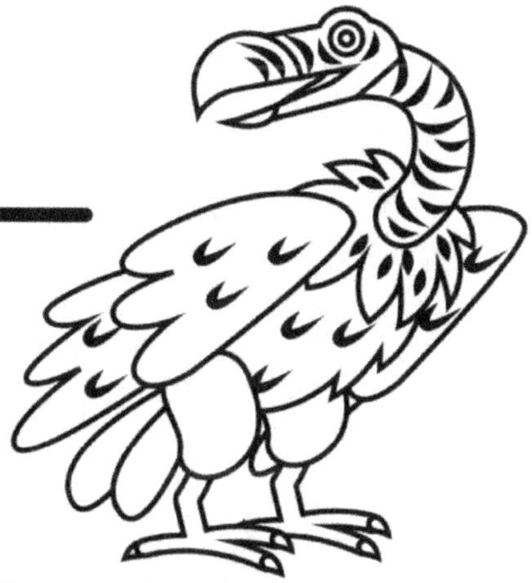

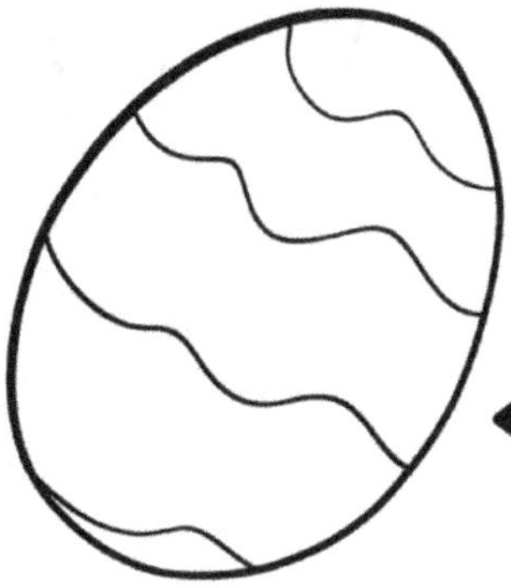

Walrus

Secret Letter

Color the tiles with the letter Ww to reveal the picture.

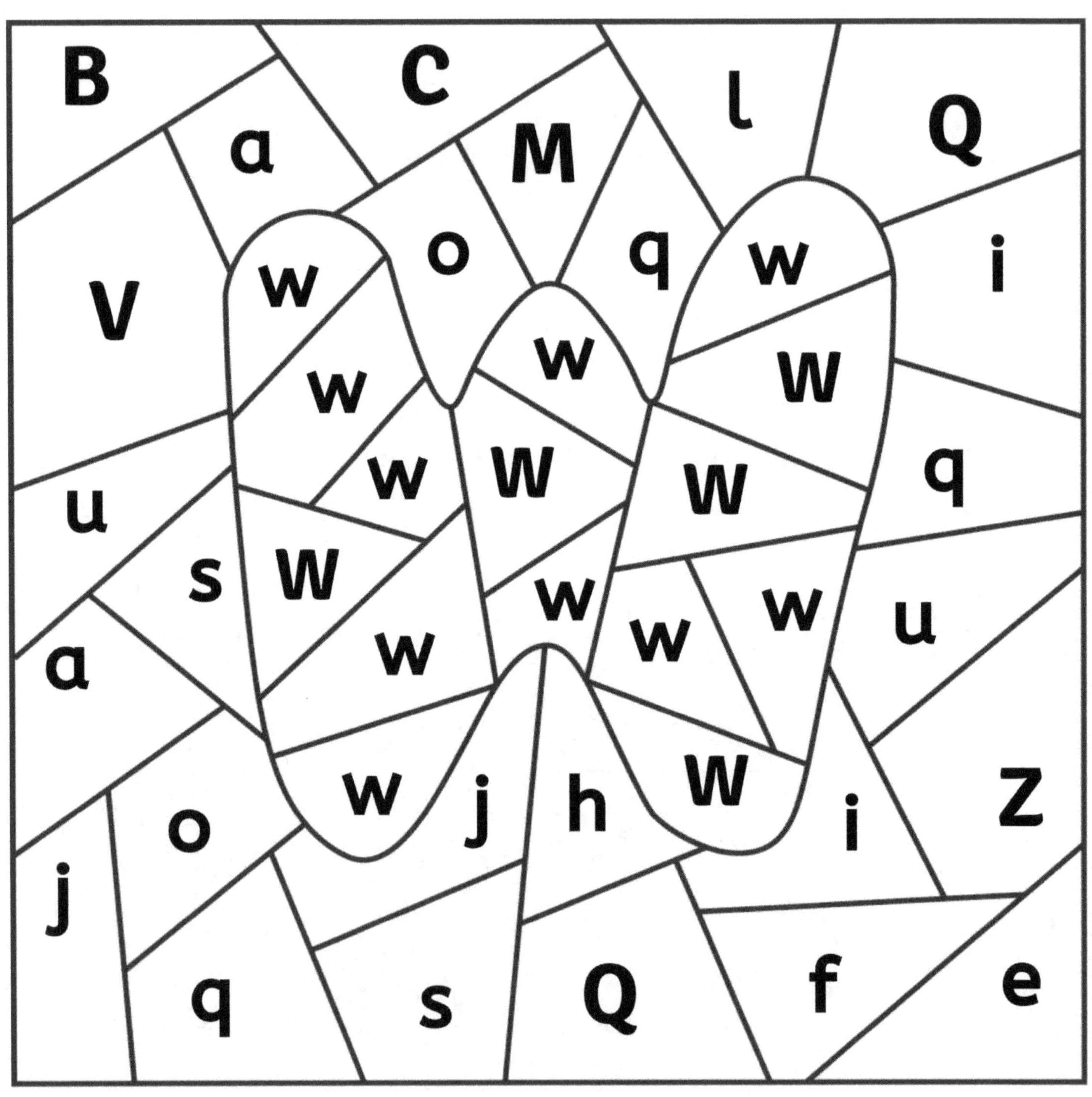

1
2
1
2
Xx
Xylophone
X X X X
x x x x

Letters Maze

Folow the letter " x " to solve the maze.

x	x	x	x	n
	e	m	j	x	d
d	f	w	g	p	x	b
a	x	x	x	x	x	t
q	x	f	k	o	p	y
t	x	x	x	x	
a	r	i	d	x	

Letters Matching

Match the uppercase and lowercase letters.

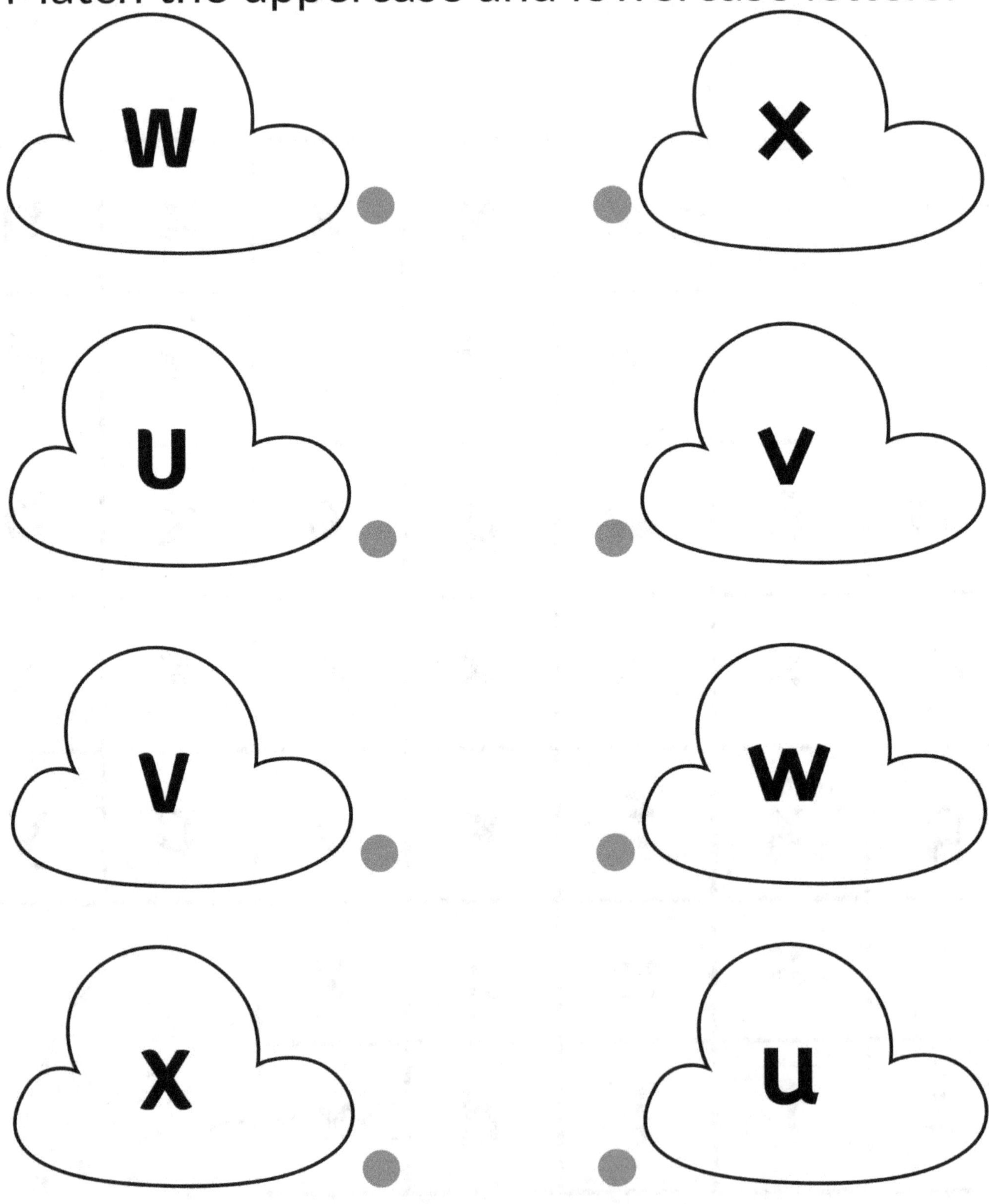

Missing Letters

Finish the letters.

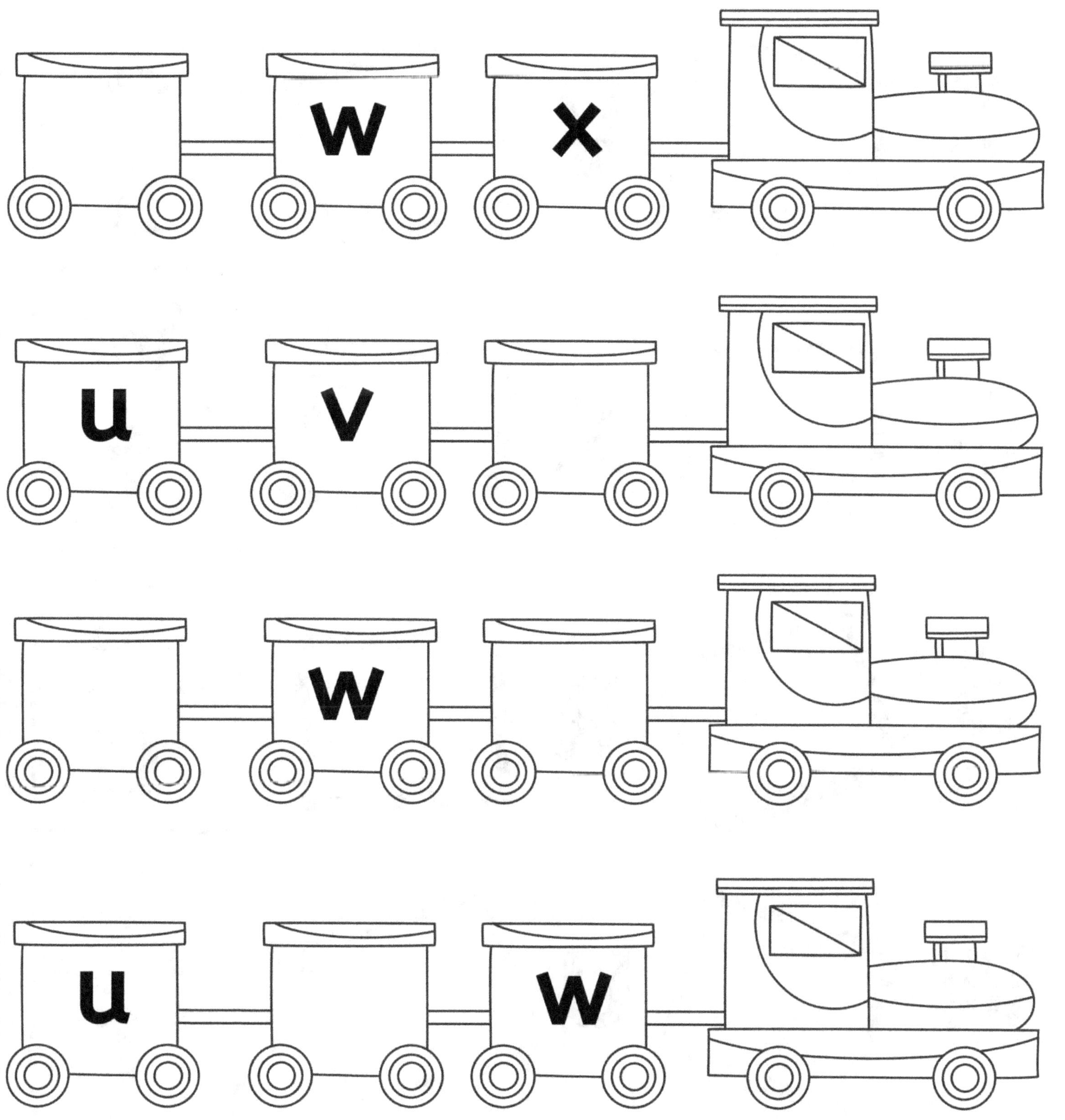

Letters Matching

Cut out the letters and paste them by matching uppercase letters.

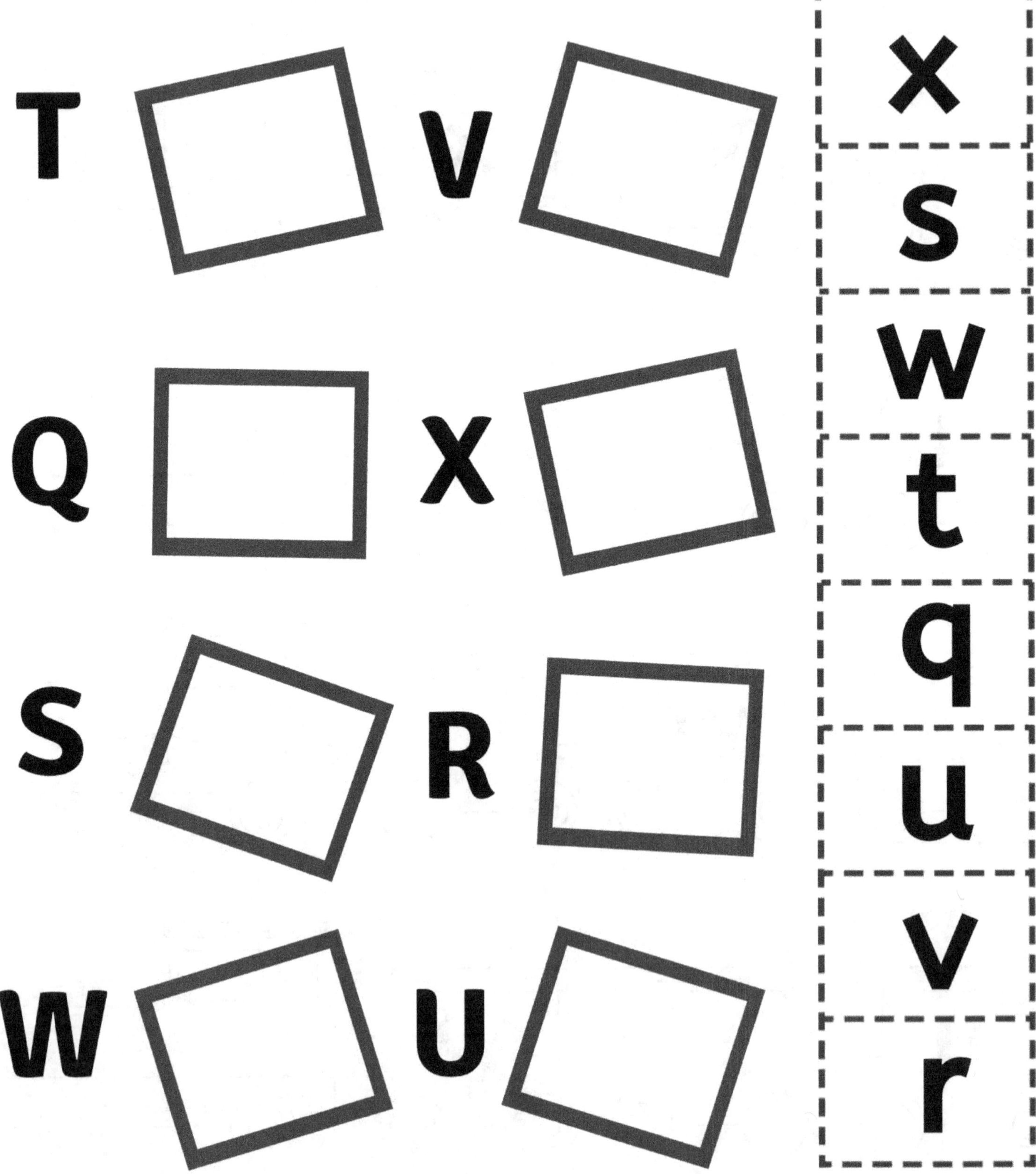

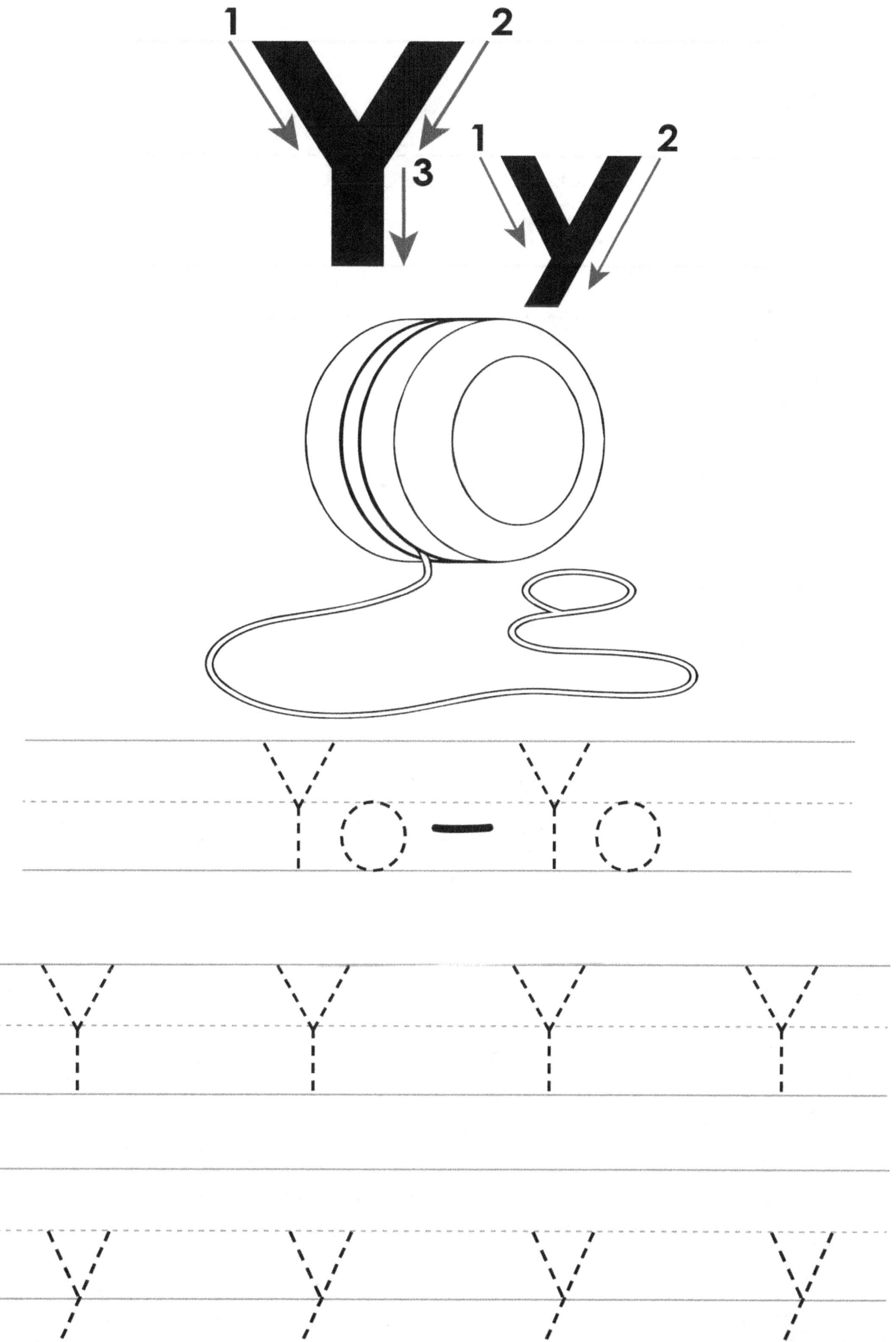

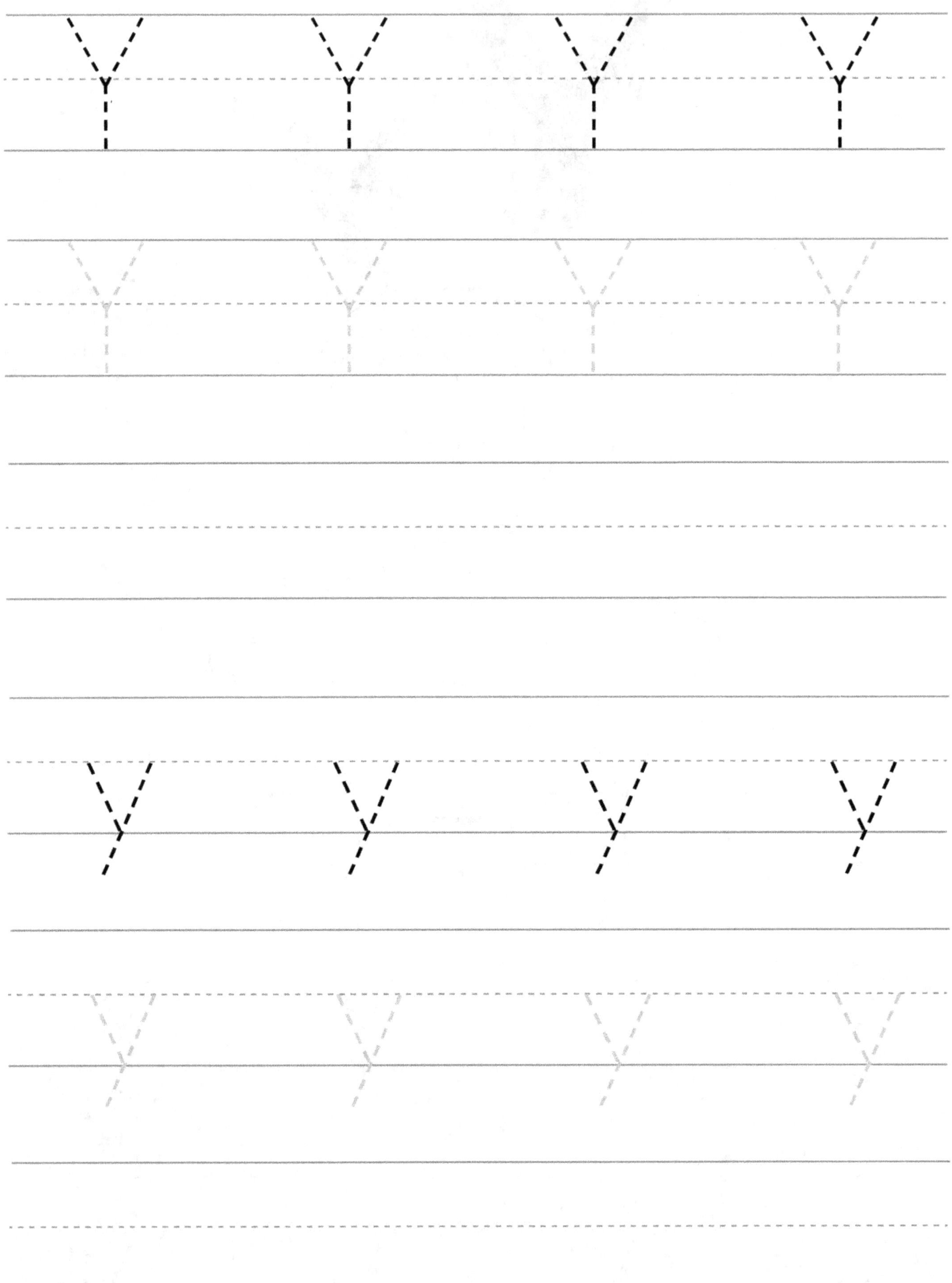

Secret Letter

Color the tiles with the letter Yy to reveal the picture.

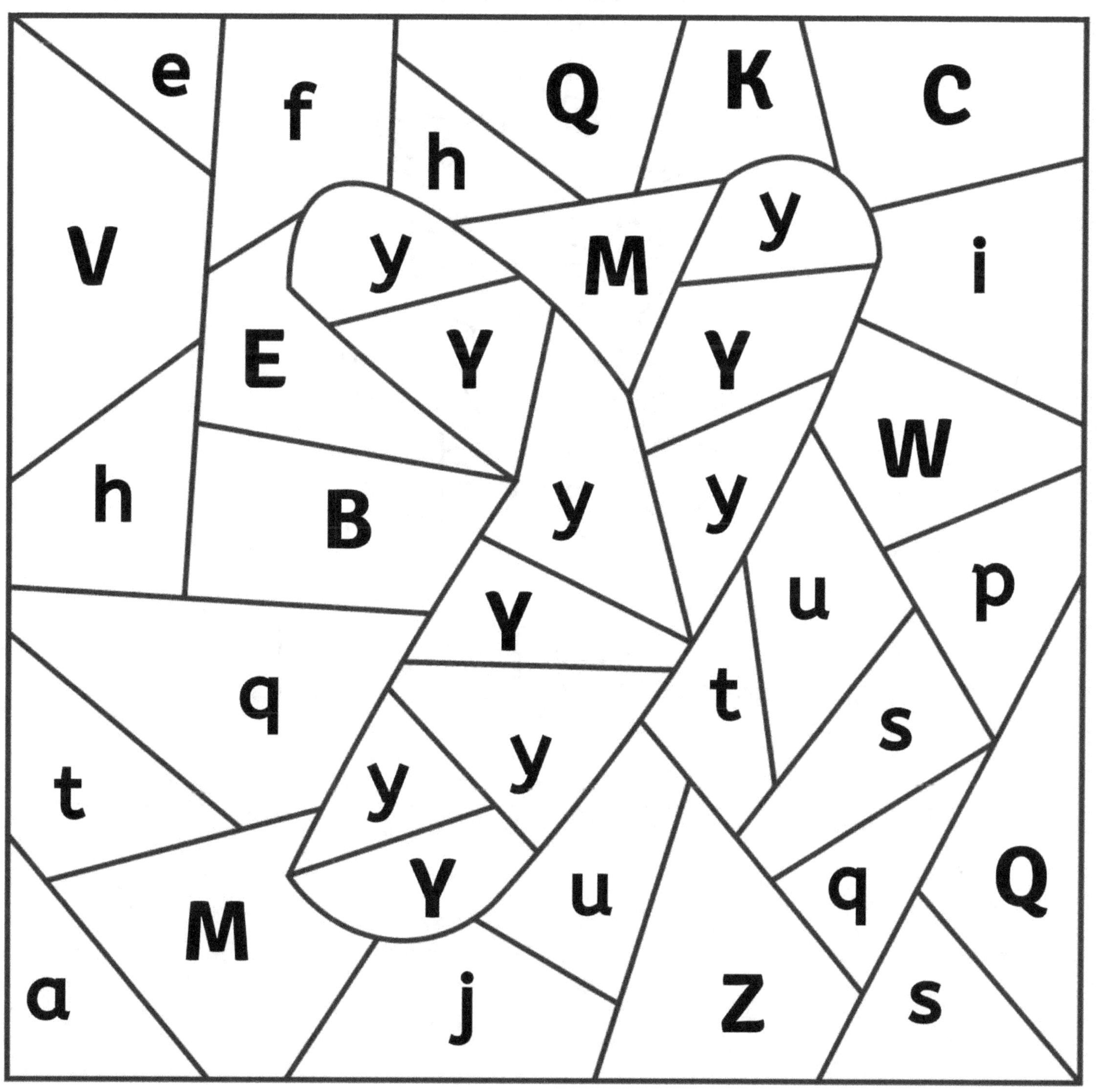

1 2
3 3
1 2
Zebra

Letters Maze

Folow the letter " z " to solve the maze.

y	e	r	t	z	
r	p	z	z	z	
c	d	z	j	n	o	u
q	x	z	z	z	z	p
t	s	i	a	w	z	l
	z	z	z	z	y
	z	o	n	m	k

Color by letter

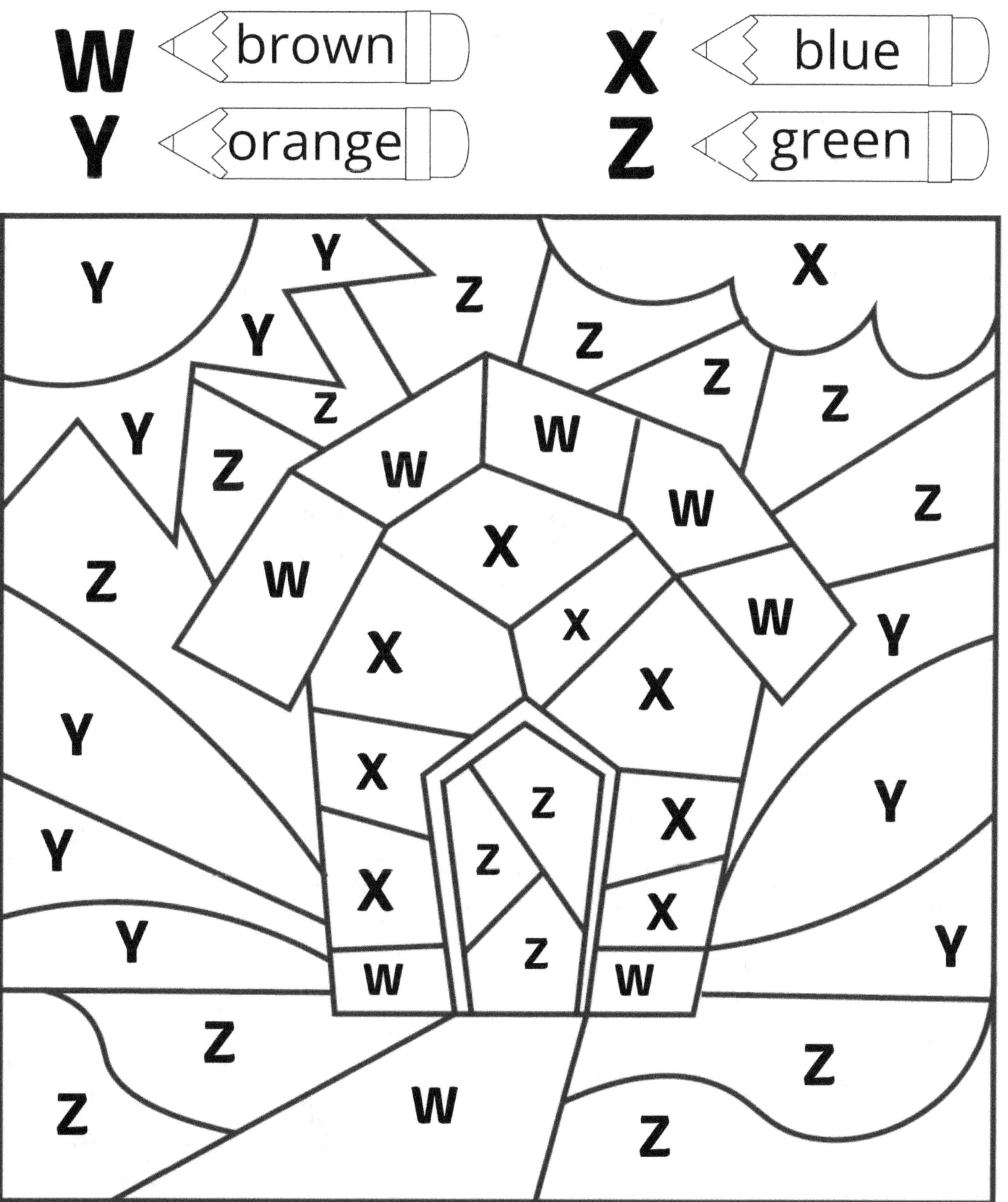

Missing Letters

Finish the letters.

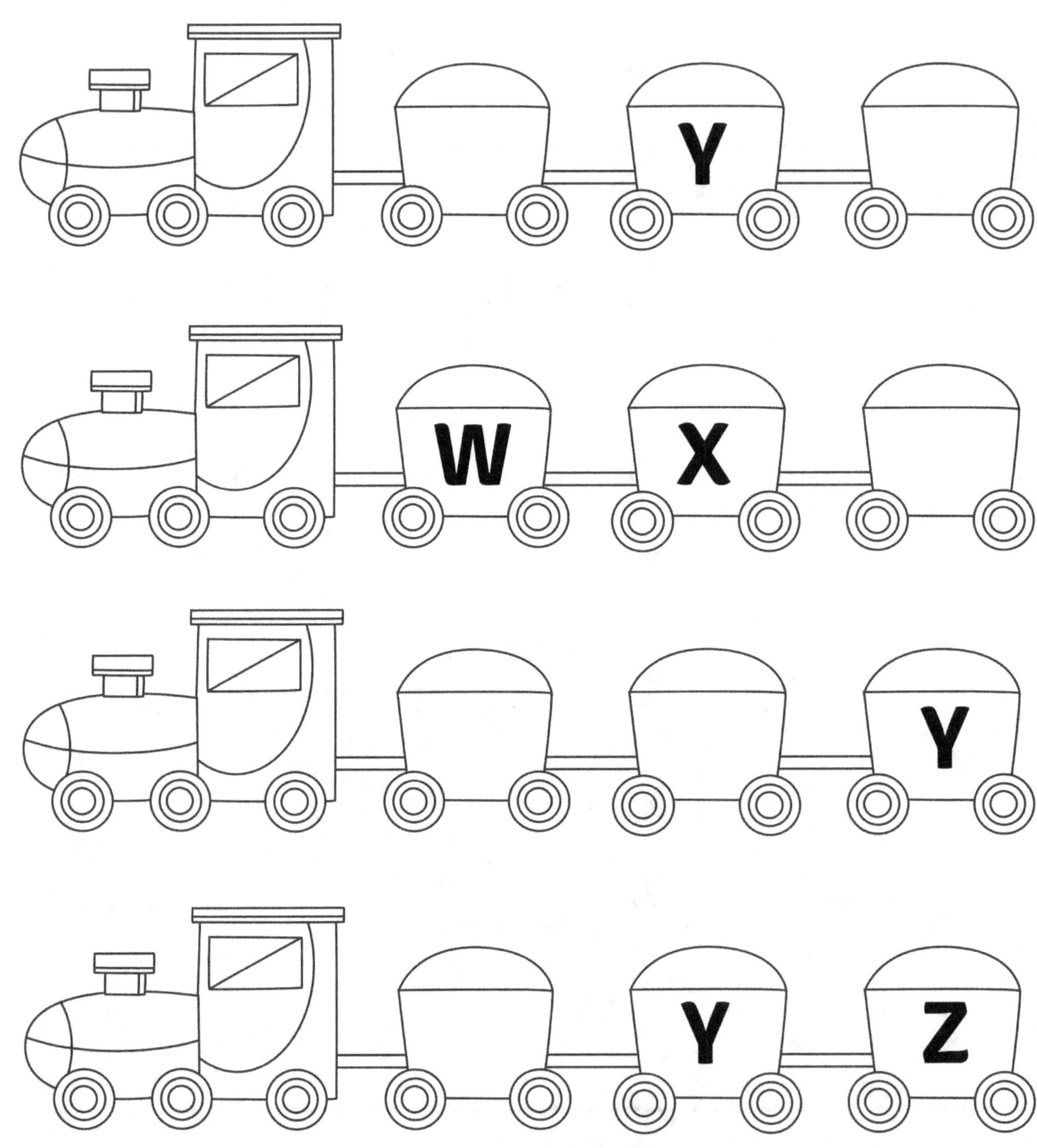

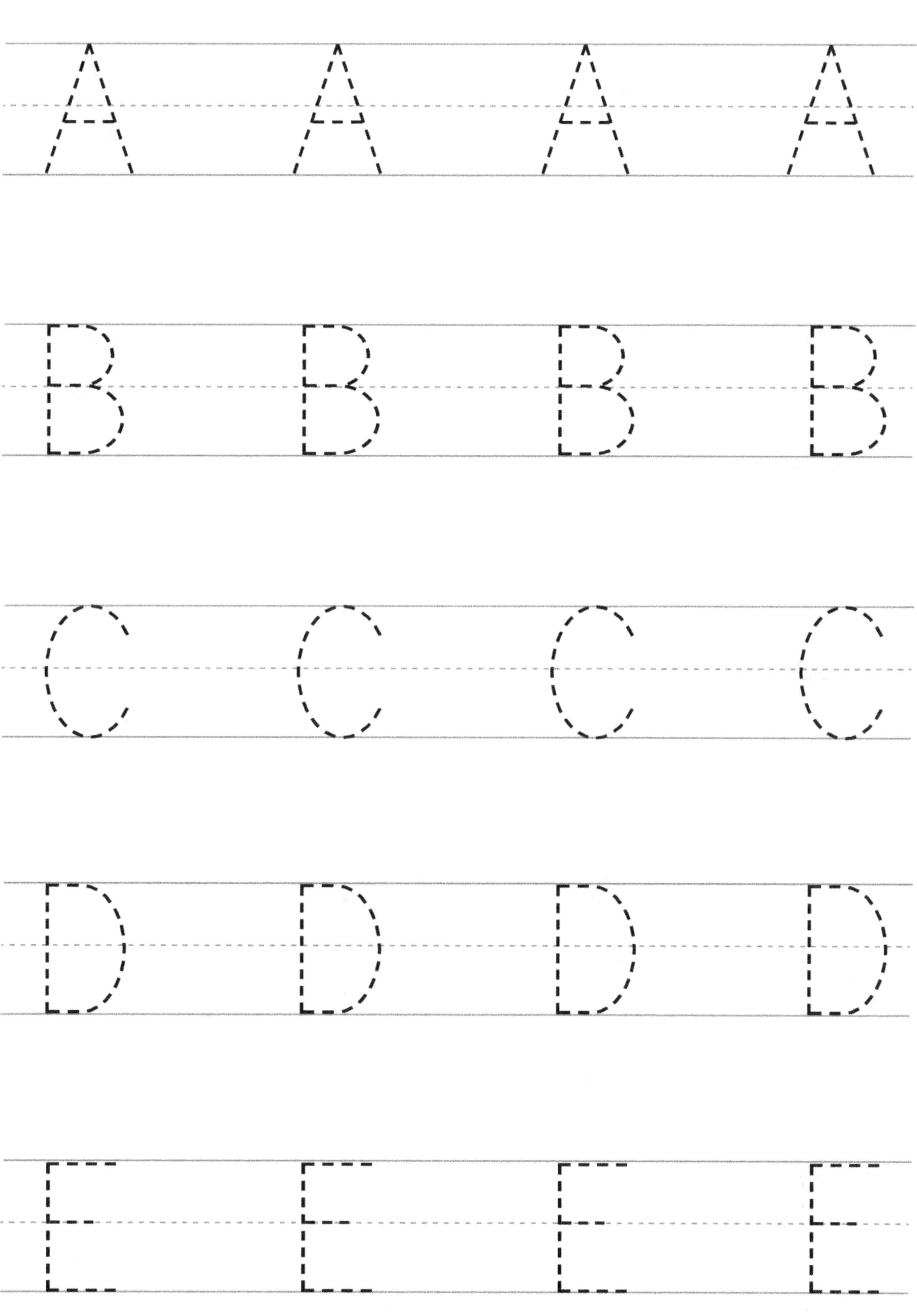

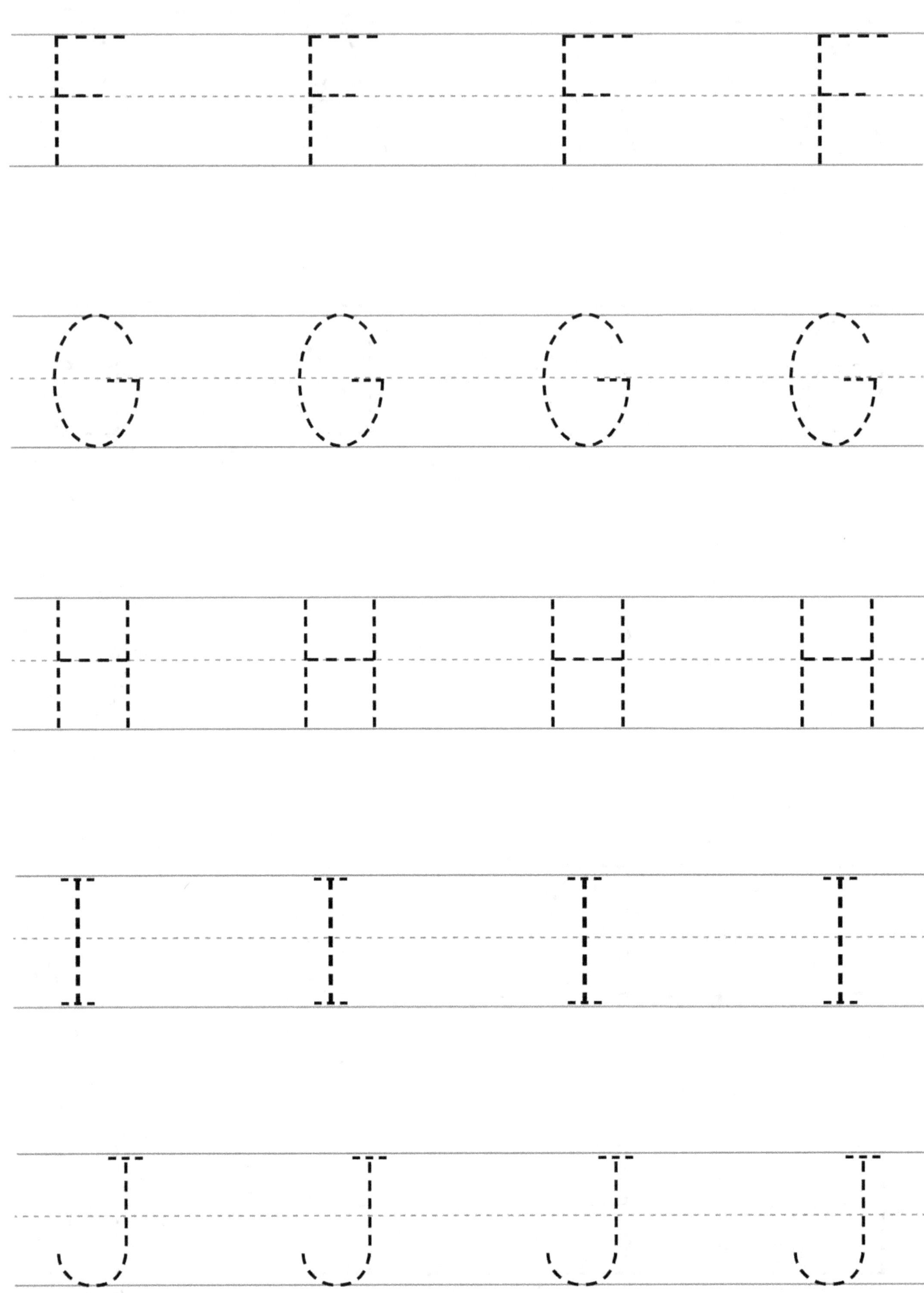

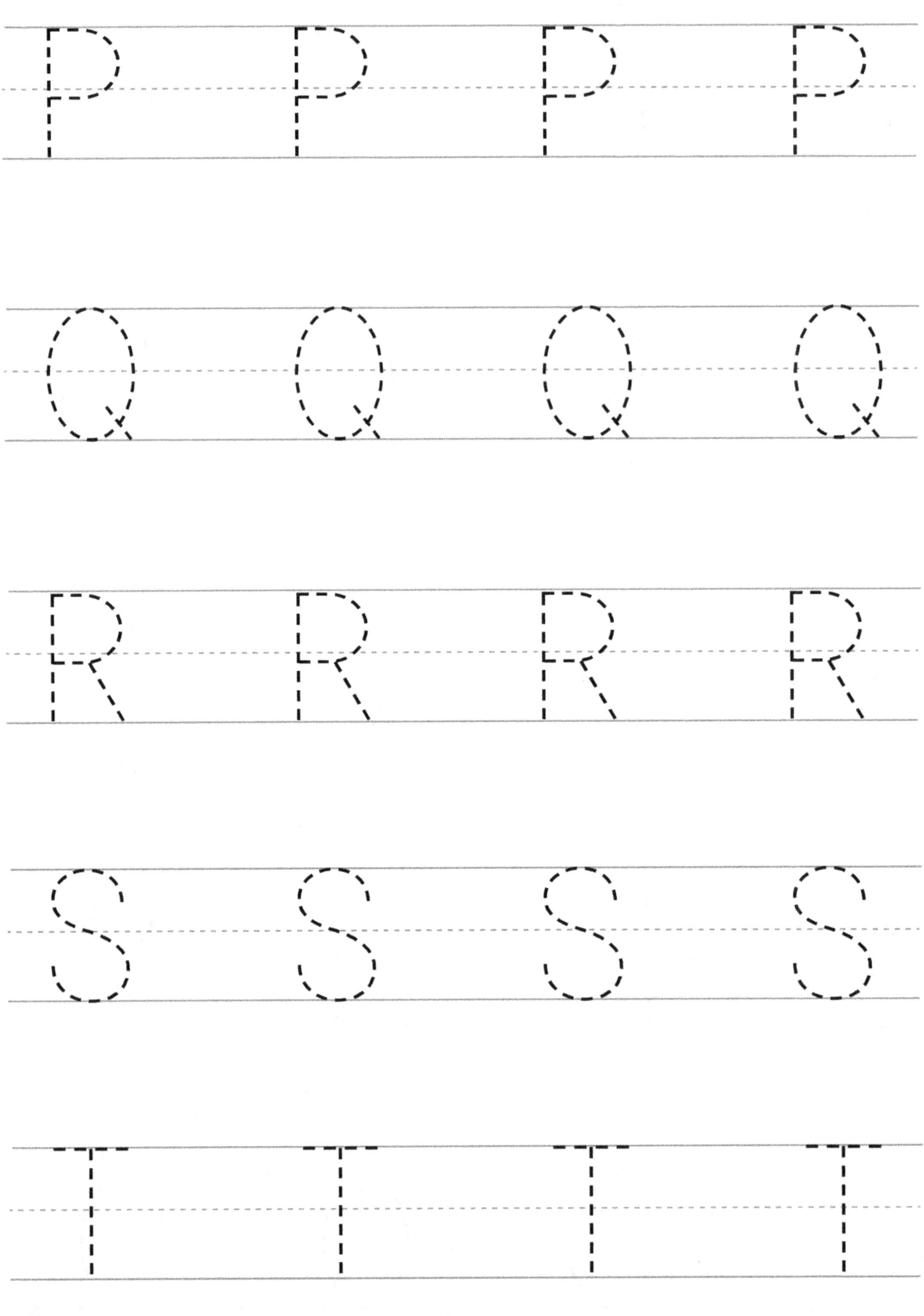

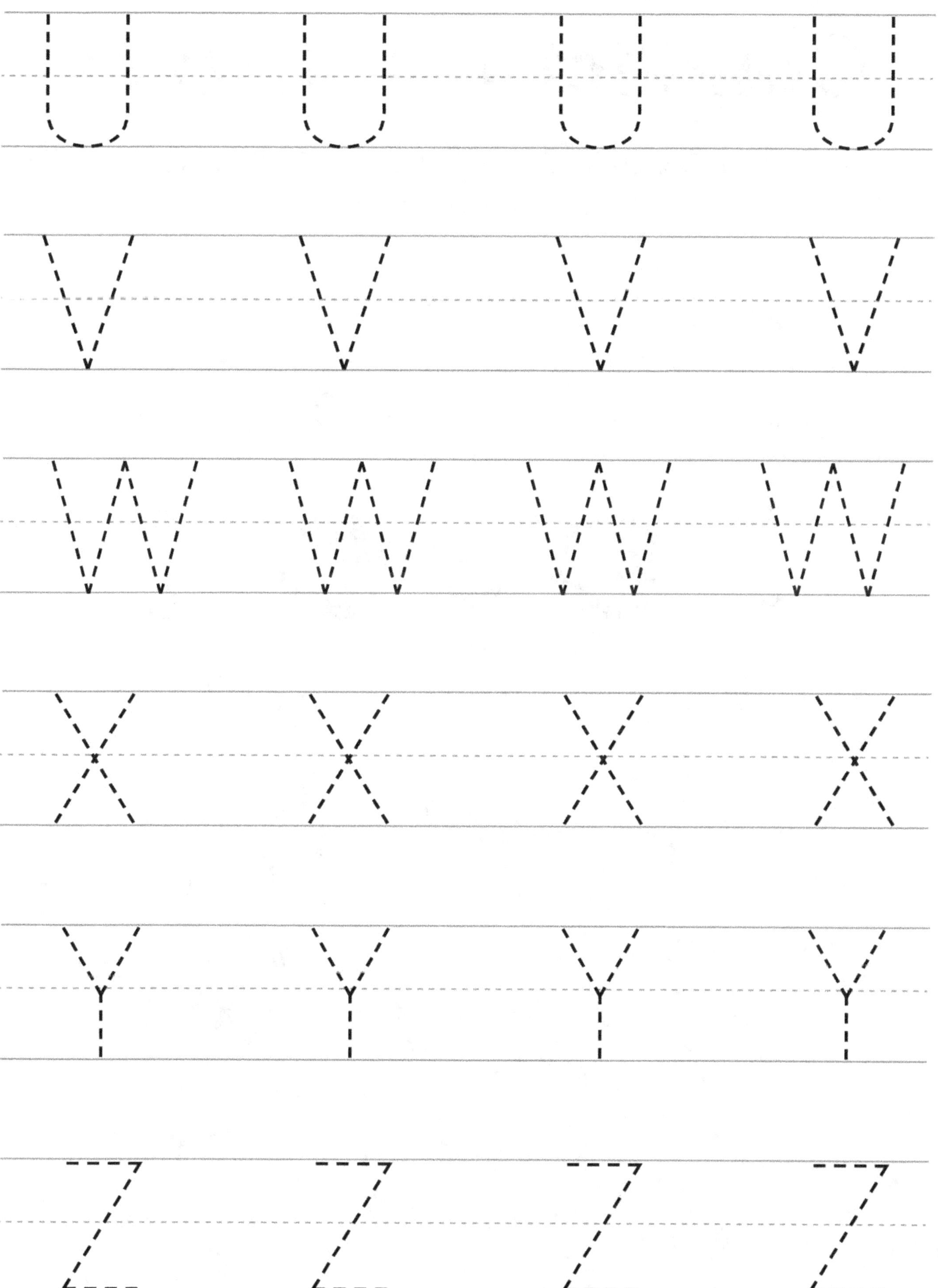

Connect the letters

Connect the dots from A to Z then color in the
hidden picture.

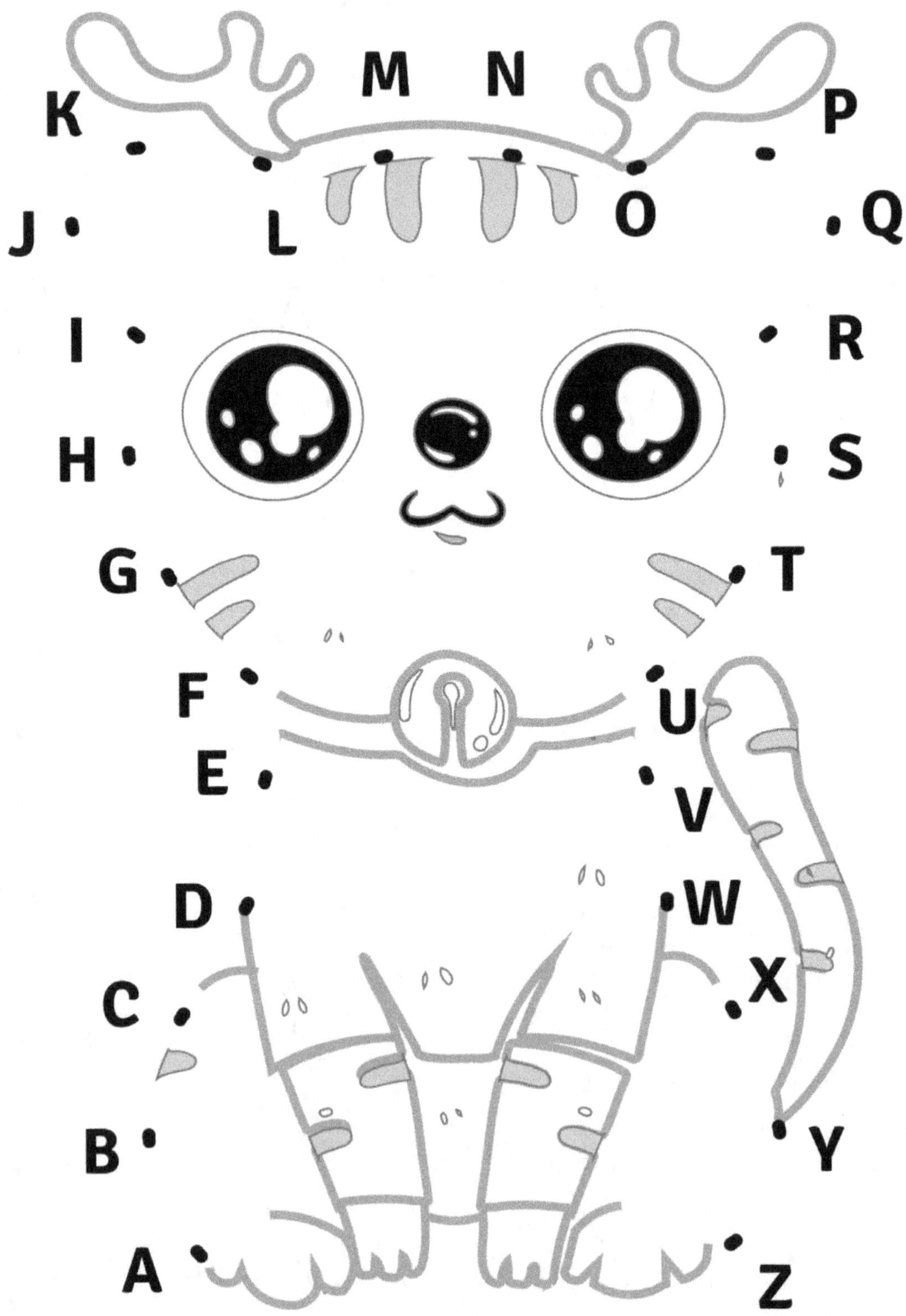

Missing Letters

Write the missing uppercase letters.

Fine a words

See if you can find these words.

W	N	B	R	G	F
Q	V	E	M	T	I
G	O	A	T	A	S
B	I	R	D	L	H
N	P	A	N	D	A

BIRD **FISH** **PANDA**

BEAR **GOAT** **NET**

Color by Sound

Color the beginning sound of each picture.

Secret Words

Write the beginning sound of each picture to discover the secret word.

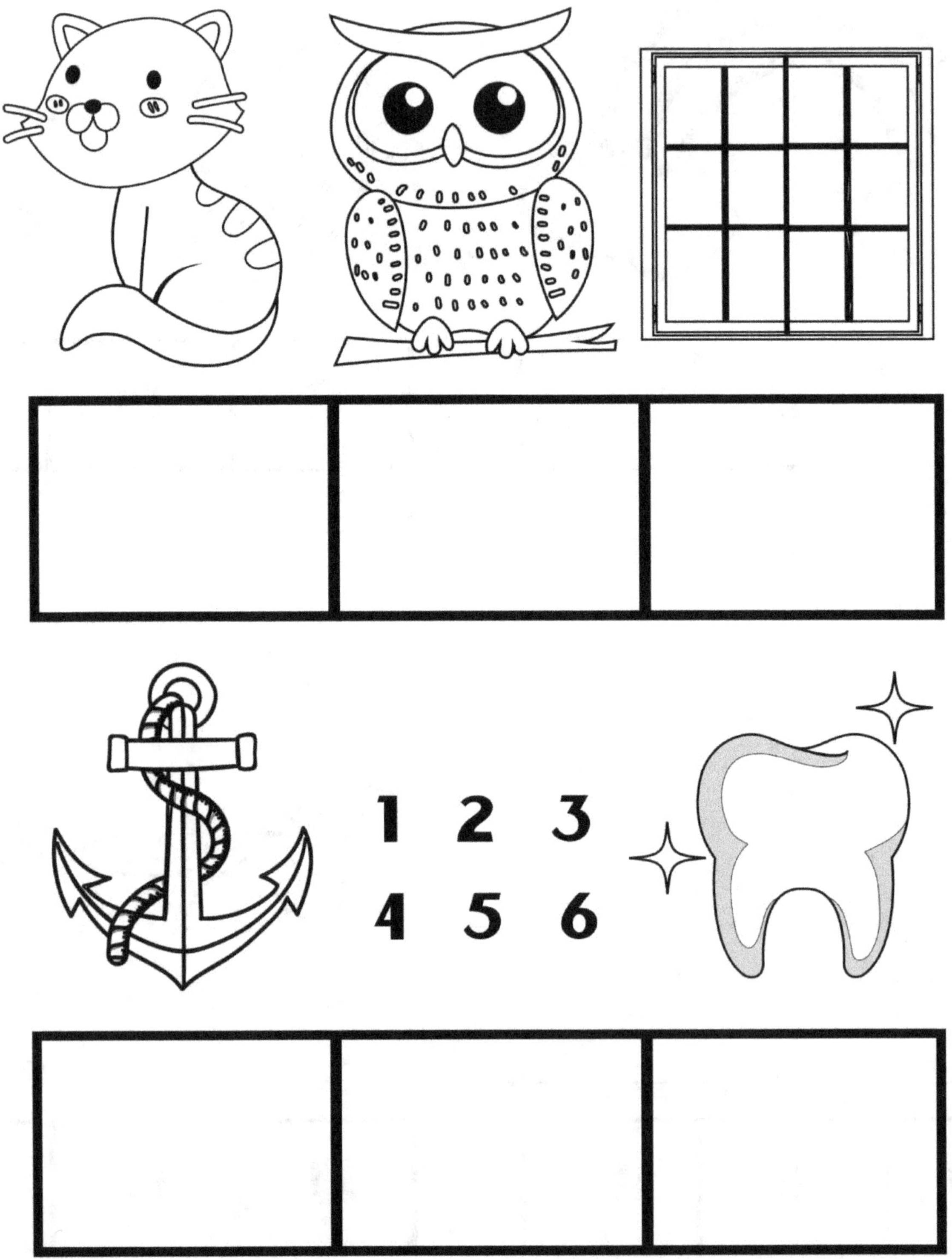

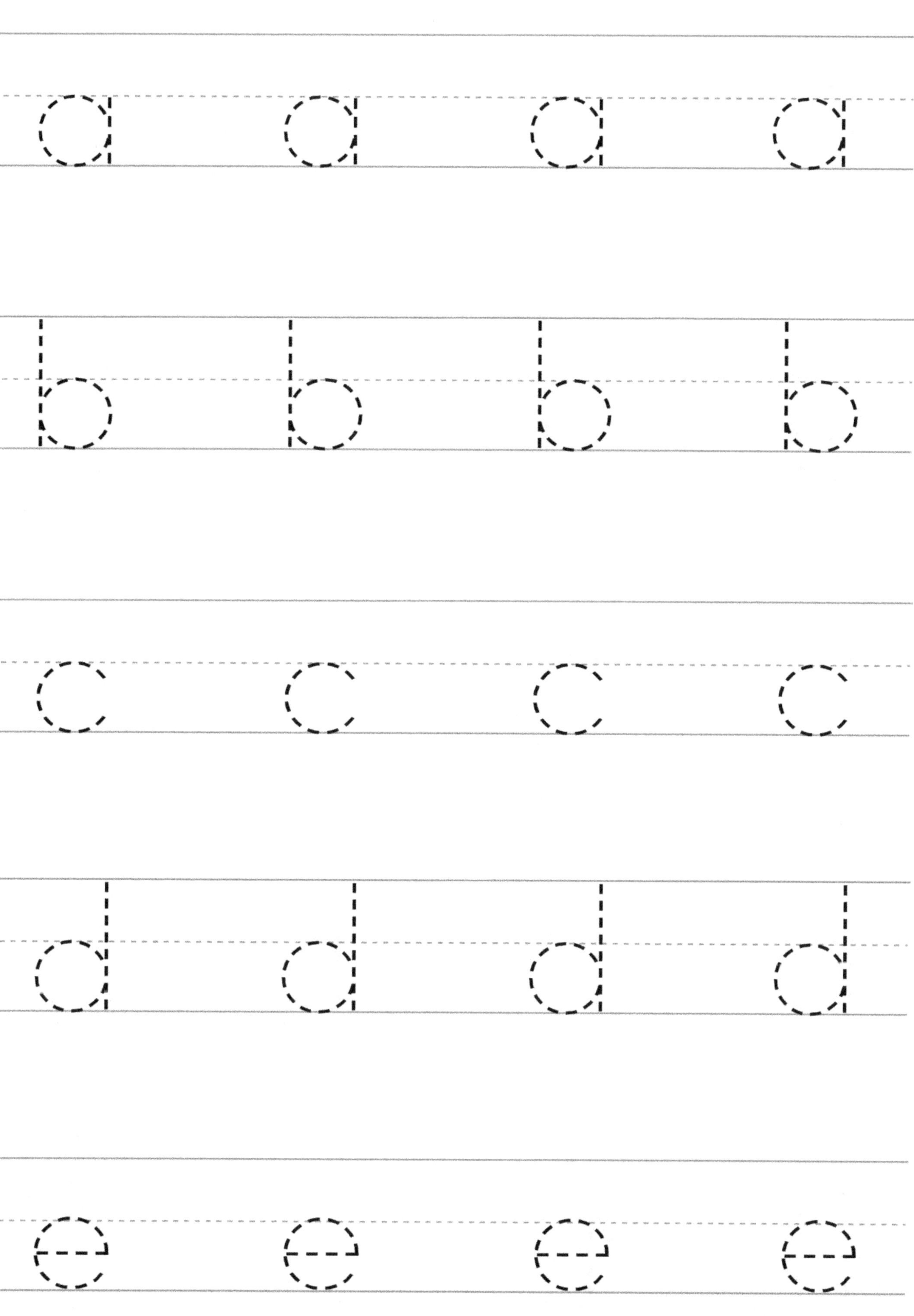

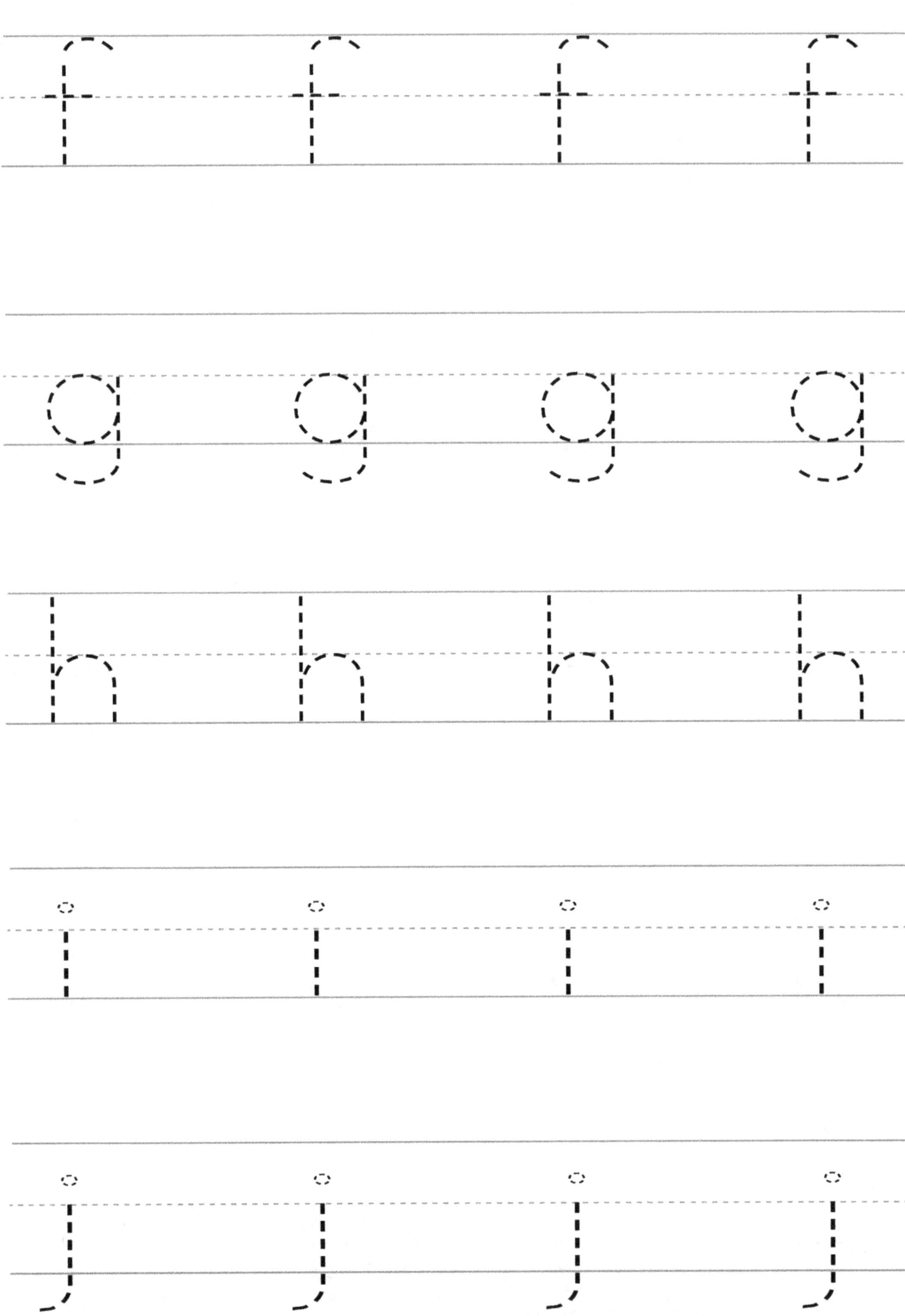

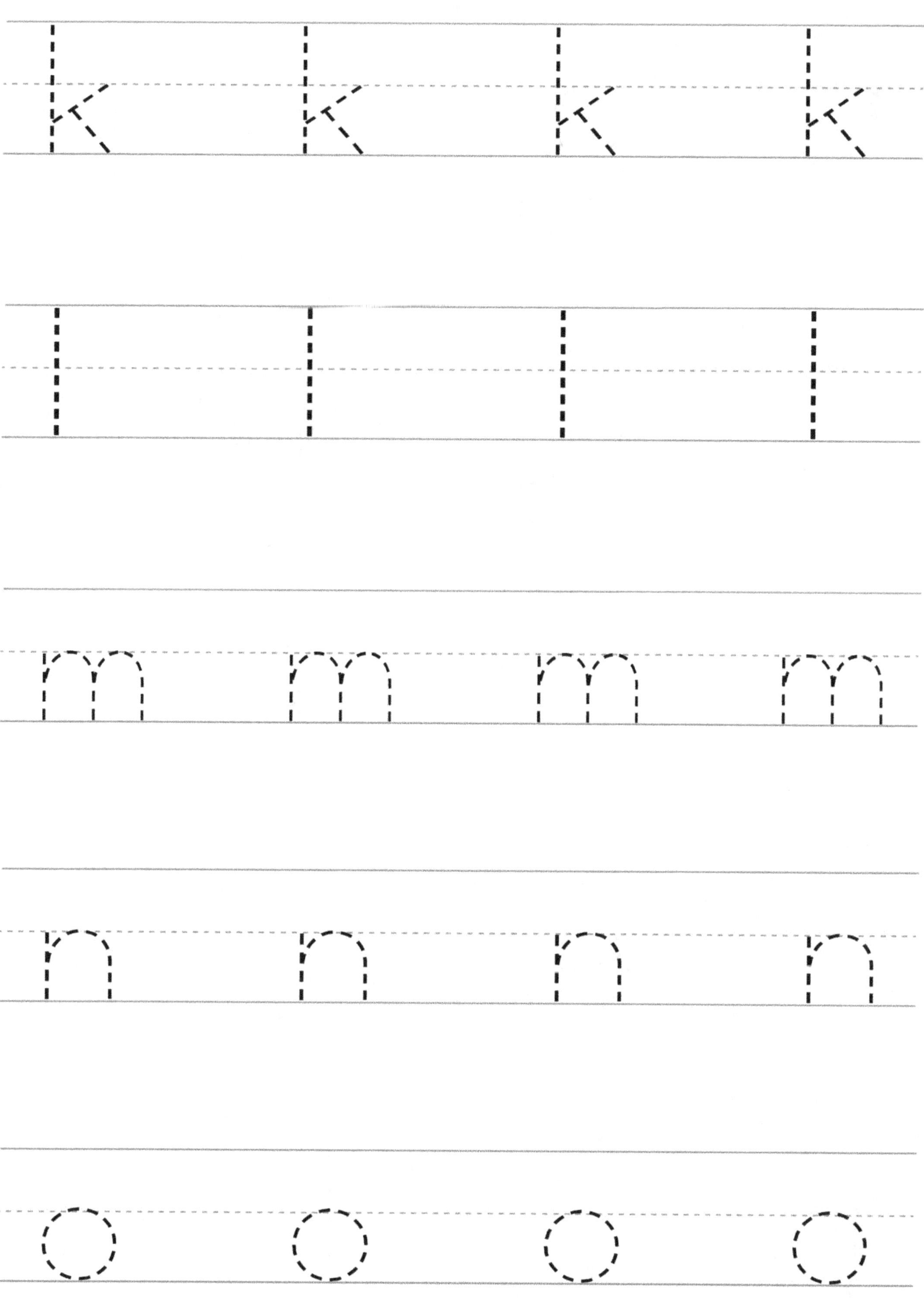

p p p p

a a a a

r r r r

s s s s

t t t t

U U U U

V V V V

W W W W

X X X X

Y Y Y Y

Z Z Z Z

Connect the letters

Connect the dots from a to z then color in the hidden picture.

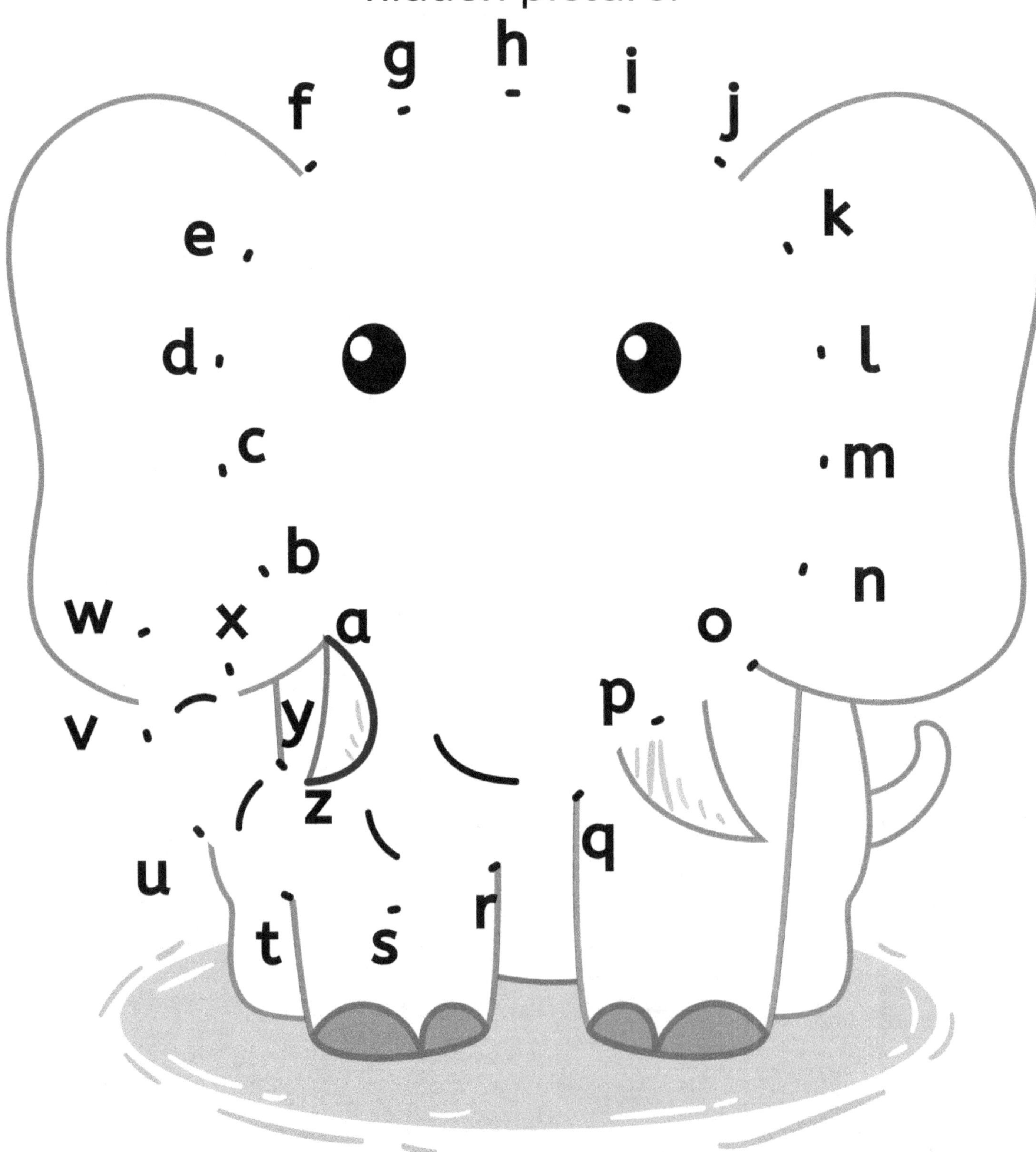

Missing Letters

Write the missing lowercase letters.

Fine a words

See if you can find these words.

p	e	n	z	s	o
o	v	e	g	g	i
t	m	w	l	u	h
g	c	a	r	w	a
s	h	g	p	q	t

pen   car   pot

egg   hat   map

Color by Sound

Color the beginning sound of each picture.

Secret Words

Write the beginning sound of each picture to discover the secret word.

CERTIFICATE OF ACHIEVEMENT

is hereby congratulated on completing

Alphabet Tracing for Toddlers

Presented on _______________________

____

Parent or Guardian